家庭教育工作方法论

Family Education
Work Methodology

创客匠人老蒋 赵婉新—————— 主编

南方出版社

图书在版编目（CIP）数据

家庭教育工作方法论 / 创客匠人老蒋, 赵婉新主编 .
海口 : 南方出版社 , 2024. 11. -- ISBN 978-7-5501
-9291-1

Ⅰ . G78-62

中国国家版本馆 CIP 数据核字第 2024UY7533 号

家庭教育工作方法论

Jiating Jiaoyu Gongzuo Fangfa Lun

创客匠人老蒋　赵婉新　主编

责任编辑：姜朝阳
出版发行：南方出版社
社　　址：海南省海口市和平大道 70 号
邮政编码：570208
电　　话：（0898）66160822
传　　真：（0898）66160830
印　　刷：三河市九洲财鑫印刷有限公司
开　　本：880mm×1230mm 1/32
印　　张：8.25
字　　数：140 千字
版　　次：2024 年 11 月第 1 版
印　　次：2024 年 11 月第 1 次印刷
定　　价：59.80 元

创客匠人老蒋

创客匠人创始人 & CEO
连续创业者
深耕知识付费行业 10 年，孵化出数千位年入百万的知识 IP

序 言

今年是我从事知识付费行业的第十个年头。十年的岁月，宛如一场绚烂而短暂的梦境，有的梦想已经实现，有的梦想还在远方"等"着我。

创客匠人一直致力于帮助优秀的老师 IP 做好知识变现、拓客增长。让优秀的老师被看见、被尊重，一直是我心底的夙愿；用爱和专业帮助优秀的老师走进千家万户，为提升国民素质做出贡献，是创客匠人的使命！在过去的十年里，我们服务并孵化了 5 万多位知识 IP，我亲眼见证了知识付费行业的激荡崛起；同时，我也目睹了家庭教育这一细分赛道，从默默无闻到如今备受瞩目，尤其是在"双减"政策实施后，家庭教育实现了质的飞跃，其发展势头可以用百花齐放、蓬勃发展来形容。

每一次变革，都带来了无尽的希望！家庭，是岁月长河中最温柔的港湾，是心灵深处最浪漫的归宿。家庭教育行业的老师肩负着重大的社会使命，他们不仅要传授专业知识，更要成为家长、孩子、老师成长的引路人。而家庭教育领域的发展与崛起，更是我们时代进步的鲜明印证。

当前的家庭教育领域，就像一片神秘而又充满奇幻色彩的森林，既有娇艳欲滴的花朵散发着迷人的芬芳，为孩子的成长之路增添绚丽的色彩；又有丛生的荆棘和迷雾，让孩子前行的脚步变得迷茫而踌躇。

家庭教育领域又如一片广袤的星空，其中闪烁着无数的希望之光。然而，这片星空也并非总是澄澈如洗。各种理念良莠不齐，如变幻莫测的云朵，时而带来清新的甘霖，时而投下令人困惑的阴影。各种声音交织在一起，宛如一首时而激昂、时而低沉的交响曲，让人难以分辨其中的真与伪、善与恶。

这片充满奇幻与挑战的家庭教育天地，正等待着我们去拨开迷雾，发现那些最璀璨的星辰，为孩子、家长、老师照亮前行的道路。

所以，行业需要使命！行业需要标准！行业需要体系！行业需要旗帜！

这就是创客匠人联合家庭教育行业头部 IP 出版这本书

的目的和意义。这本书的需求迫在眉睫！它不仅是一本关于方法论的书籍，更是我们对家庭教育行业的承诺：让每一个家庭、每一个教育者都能在这个星罗棋布的世界中寻觅到星光，找到清晰的方向，找到信心和希望！这就是我们家庭教育工作者的使命！

有人问，这本书能让我成为更优秀的家庭教育老师吗？

答案是肯定的！

这本书不仅为你提供了一套理论框架，更重要的是，它为你带来实操性的工具和方法。每一篇都是经过多年行业经验打磨出的精华，涵盖了从教育心理学的理论到具体案例剖析的内容。通过这些内容，你将学会如何洞察孩子的内心世界，如何处理亲子关系中的矛盾与冲突，如何在日常生活中塑造孩子的优势品格和能力。这不仅仅是一本书，它是一整套系统，让你能够从容高效地面对任何教育难题。

更重要的是，通过这本书，你不仅能够掌握家庭教育的精髓，还能够突破自我，重塑自己。它不只是教会你如何传递知识，同时也赋予你构建个人品牌的力量，让你的教育理念拥有更大的影响力，为更多家庭带来信心和希望。

我们始终相信，教育的力量在于改变，改变从自己开始。通过这本书，你将看到，教育不只是单纯的知识传递，而是一场不断深刻自我反思与迭代的旅程。家庭教育的本质，不仅在于教会孩子如何成长，也在于老师本身的不断成长与成熟。当你改变，世界将随之改变。

今天，当这本书终于摆在你面前时，我想说，这不是终点，而是一个新的起点。特别感谢本书的主编赵婉新老师及联合主编焦仕香老师、吴依倬老师、吴丰言老师、牛淑焕老师、王彦芳（如是）老师、孟彧老师、静怡老师！

赵婉新老师，作为西塔家排和西塔心理的创始人，她通过婉若新生身心成长平台帮助1万多个家庭走出身心困境，致力于"让千万家庭物质精神双幸福"的愿景。

焦仕香老师，以其24年的教育实战经验，传播"生命是能量"的真相生命教育，出版了涵盖多个领域的教育系列书籍，致力于更新生命、突破瓶颈。

吴依倬老师，作为国家二级心理咨询师和晶石自然疗法疗愈导师，通过一榕心灵家园帮助3000多个家庭获得更健康、和谐的亲子关系。

吴丰言老师，资深心理咨询与健康管理专家，创立《东方禅式无心疗法》和《东方特色解读咨询》，全方位赋能于各阶层求助者。

牛淑焕老师，北大心理学学士，通过牛妈聊育儿平台，用20多年教育孩子的经验帮助家长轻松培养出高分高能的孩子。

王彦芳（如是）老师，身心灵境全息疗愈与创升创始人，以冥想和自然疗法帮助人们调和及美化身心，赋能企业创新力、家庭和谐丰盛传承力。

孟彧老师，斯坦福、哈佛大学中国禅指导老师，深耕禅学 20 余年，培育专业人士，特别是身心灵和家庭教育从业者，进入立体思维，以差异化优势更好地赢得市场和客户。

静怡老师，14 年资深心理咨询师，萨提亚模式家庭治疗师，帮助 10 万多父母解决孩子厌世厌学问题，其中 1000 多个抑郁症孩子找回生命活力，重返校园。

感谢所有为这本书倾注心血的同仁。你们用智慧和坚持，把一个概念转化为实际的行动。感谢每一位家庭教育指导师的付出，因为有你们，我们的孩子才有了更好的未来。感谢那些在前行道路上给我们灵感、给予支持的所有人。你们的存在，让我们相信教育不是一场孤独的修行，而是传承文明的火炬，将人类历史长河中积淀的知识与价值传递下去，让古老的智慧在新的时代依然熠熠生辉。

最后，感谢每一位为家庭教育行业默默耕耘的奉献者。你们的坚持与热忱，才是推动这个行业进步的真正动力。让我们一起前行，为每一个孩子、每一个家庭、每一所学校带去更美好的未来。让我们携手为家庭、为国家、为社会的进步发展做出贡献！一起创造爱、传播爱、分享爱！一起让这个世界更美好！

创客匠人老蒋

2024 年 10 月 14 日于北京

目录 CONTENTS

第二章 持续修炼，育人先育己

第三章 打造 IP，放大影响力

第四章　陪伴式教育，给孩子更好的成长

第一章

好的教育，离不开
家庭教育指导师

家庭教育指导师，
不单单是一种职业，
更多时候是一种
"用生命影响生命"的工作。

"

我为什么要从事家庭疗愈工作?

赵婉新

西塔家排创始人
西塔心理创始人
创办婉若新生身心成长平台

我是一名职业心理咨询师、家庭教育指导师，其实我更喜欢将自己定义为"家庭疗愈工作者"。

疗愈与教育其实有很大的差别，教育注重灌输道理，而疗愈是基于人的特质唤醒人本就具有的天性，协助人们绽放自己的生命。

我的工作是通过授课、心理咨询、陪跑等方式，帮助遇到人生困境的人找到解决问题之路，同时孵化更多的专业疗愈师，协助千万人"自愈"与"职业发展"齐头并进，助力更多家庭和谐幸福。

我为什么从事这个职业？

二十多年前，因为一场重大事故，我在半年内相继失去了丈夫和母亲。那时候，儿子才一岁，我成了一名年轻的单亲妈妈。

我的儿子小时候特别能哭，非常难带，那时候不懂，现在我知道这与我们的家庭有关。

儿子才一岁，他的爸爸就去世了，我们全家都笼罩在巨大的悲伤里。尤其是我，作为一个妻子，那么年轻就失去了丈夫，我陷入了很深的痛苦里。我的孩子虽然还小，他的头脑不懂，但他完全能感受到这种悲伤的氛围。所以，不会说话的他只能用哭来表达。

此后，我有很长一段时间都处在悲伤过度的状态中。因为压力过大，导致身体被压垮。因为腰椎间盘的问题，我一度躺在床上三个月不能动，身体、情绪都跌落到谷底。而我的孩子，因为家庭的影响，也开始无心学习，成了老师、亲戚以及朋友眼里的"学渣"。

我儿子的整个校园历程是非常不顺利的。小学转了四次学，初中只读了一年，高中也只读了一年。别人读初一、初二的时候，我的孩子和朋友一起开了一家卖鸭脖的熟食店。因为年纪太小，没有经验，不久第一次创业就失败了，于是他回到了学校，但初三快结束的时候，他又因为打架再次辍学。我好不容易给他找了一所高中，他读了一年又不读了。

我当时特别希望有人能帮助我。我把孩子的教育寄希望于学校，寄希望于名师。我曾经找知名老师为他补课，老师都觉得很头疼、很无奈。所有人都认为他不是读书的料，包括作为妈妈的我。

孩子的学习问题成了我的心病，于是，2007 年我开始了"拯救孩子"之路。我开始学习心理学，并考取了国家二级心理咨询师证书，学习了国内各种心理学派疗法，跟着国际级 NLP 大师李中莹学习"神经语言程序学"，跟随德国心理治疗师、"家庭系统排列"创始人伯特·海灵格学习家族系统排列……

在这个过程中，我发生了巨大的变化，当初为了"拯救孩子"开始学习，最终我却成了学习的最大受益者。当初认为过不去的坎、弥补不了的伤痛，在学习的过程中逐个被我穿越，然后升华，内化为我内在的力量。当我再次看到那些焦虑的家长、抑郁的孩子的时候，我特别能感同身受，我开始意识到，人活着，原来不只是为了自己，我们还需要有一份社会责任，去帮助更多的人快乐起来！

后来，我创立了婉若新生身心成长平台，并淬炼出了一套用最简单的方法、最生活化的语言来传递高维智慧，帮助家庭及个人成长的疗愈技术——西塔家族系统排列（简称"西塔家排"）。

至今，我已连续教学十五年，教授过十万名以上的学员，培养了一千多名职业疗愈师。我还聚集了一批与我同频共振的小伙伴，成为我的合伙人，一起为帮助更多人快乐起来而努力，一起为提高国民幸福水平做贡献！

我改变了，孩子就变了！

在我开始学习之后，我逐渐明白孩子的状态与我有关，与我的家庭有关。我也开始接受孩子不爱学习这个事实，做好了他不上大学的准备，只希望他能获得一些养活自己的本领。

此后，我会带上孩子一起学习，并且有意识地让他去向别人学习。在不上学的那几年，他学习了李中莹的NLP，学习了海灵格的家族系统排列，走完了教练技术三个阶段，学习了张三愚老师的课，还成了老子学院的签约青少年课程的老师。那时候他还未满十八岁。

有一天，我儿子突然和我说他想考大学，我很惊讶于他的转变，但我选择支持他。他开始努力学习，备考托福，申请了一所位于美国佛罗里达州的大学，学习健康科学。

在这个过程中，我没有过多参与。去哪个城市、哪所学校，学哪个专业，都是他自己的选择。他说学习健康科学可以通过帮助设计和实施有效的健康教育项目，提升公众的健康素养，改善公众的一些行为习惯。

之后，他跟我分享申请美国哥伦比亚大学健康教育与应用心理学项目的原因，他说健康教育和应用心理学的研究和实践，可以为成千上万与他有相同经历的青少年，提供科学的心理健康问题解决方案，帮助个体和群体改善心理健康状态，提升生活质量。

这样的领悟着实让我惊讶，曾经的"学渣"早就悄然改变。

曾经我都不敢想象他上大学这件事，如今他不仅上了大学，还有如此高的觉悟，我感到很欣慰。

当我正得意于他能读大学的时候，他跟我说想继续攻读研究生。

他说他在本科阶段对健康教育和应用心理学有浓厚的兴趣，尤其在学习传染病学、生物学及相关课程和研究项目的时候，给了他很大的启发。加上 COVID-19 的经历，他觉得他有一份"改善社会健康和心理健康状态"的使命感，这驱使他想在未来成为从事公共健康、心理健康咨询、健康教育等领域的工作者。

这样的大愿，让我惊喜，我当然全然支持他。2023 年，我儿子同时收到了美国三所藤校抛出的"橄榄枝"，最终他选择了坐落于纽约市晨边高地的哥伦比亚大学教育学院，攻读健康教育与应用心理学硕士学位。

当我将这个故事分享给其他人的时候，有人说我的孩子是天才，我想说如果我的孩子是天才，那么人人都是天才。所谓天才，就是"天生我材必有用"，不管孩子过去怎样，我们一定要相信孩子有更多的可能！

孩子的变化与家长的学习和成长有很大的关系，尤其是妈妈的成长。我改变了，孩子就变了。当他无须再负担母亲的投射以及那些不属于他的责任时，他内在对生命、对美的事物、对"人"的热爱就会被激发出来，他会期待去做那些让他自己的人生、让这个世界变得更好的事，这才是有价值的教育。

让自己成长，用生命影响生命！

我和孩子的改变给了我很多启发，让我认识到我的世界是由我自己创造的。过去，我认为我的境遇很糟糕，于是我创造了糟糕的周围环境，而当我通过学习获得了成长，我的世界也就因此而改变了。我相信所有如我一般遇到过困境的人，都可以通过学习迅速从困境中走出，每个人都值得更好的生活，每个家庭也都有变得更好的希望！

人生在世，所有的遇见，都不是偶然。每个人面临何种境遇，都是有原因的。不管是出现在你周围的人，还是发生在你身上的事，细细探究，皆有缘由。

当我们感到命运悲惨的时候，遭受很多打击的时候，是不是该首先去搞清楚为什么？但是，大部分人，因为沉浸在痛苦里，无法真正看到事情的本质。所以我现在的工作，就是带领深陷痛苦泥潭的人找到问题的原因。

家庭教育指导师，不单单是一种职业，更多时候是一种"用生命影响生命"的工作。就如泰戈尔的诗中所说："把自己活成一道光，因为你不知道，谁会借着你的光，走出了黑暗。"

当人们走进心理咨询室的时候，往往正处于某种痛苦或低潮中，他们迫切地期待指导师能告诉自己答案。但事实上，他们不知道自己才是生活的专家，自己才是能够给自己答案的那个人。而心理咨询师要做的，是用专业知识、技巧去协助来访者穿越自己的精神河流，拜访自己的精神宇宙，见证自身的成长和改变。

因此，指导师只有自身具备扎实的专业素养，才能带领来访者走得更远。如果指导师自身都是匮乏的、痛苦的，充满了限制性信念，又如何治愈他人呢？你无法带着满身的伤，去探访另一个人内在的"迷雾森林"。所以，成为家庭教育指导师的前提首先是要修通自己，疗愈自己。这既是对自己负责任，也是对他人负责任。

"利他"，就是最大的"利己"！

这也是我从事助人工作最重要的原因，因为我深刻地明白"利他"就是"利己"，"助人"就是"助己"，"度人"就是"度己"的道理。

我们的工作，是我们最好的"修行"场所。如果你懂得"他人是自己的一面镜子"，那么每一个来到你面前的来访者，都是来"照见"你的。

如果你能够相信，所有问题的呈现，都是因为你现在已经有能力、有资源去处理它们，只要你能勇敢地面对自己，你就获得了疗愈自己的能量，你的家人、朋友、同学、老师……都可以成为助力你的资源。

同时，你在一个个来访者的困扰中照见了自己，学到了更多知识，获得了成长，变得更加专业，从而会更加明白来访者是怎么一回事，自己又是怎么一回事。你会感谢那些来访者，让你"看见自己"，带给你疗愈自己的机会。

心灵的成长是一个持续进步的过程，愿我们每个人都能活成一束光，绽放出所有的美好！

家庭教育指导师这份职业，
门槛很低，但要求很高，
这是一份需要付出极大的热情，
并且终身持续成长的工作。

"

什么样的人能成为一名家庭教育指导师？

赵婉新

西塔家排创始人
西塔心理创始人
创办婉若新生身心成长平台

很多人问我，什么样的人能成为一名家庭教育指导师？我认为这并没有什么标准答案。人人都可以做家庭教育指导师，但如果你想要做得很好、走得很远，那么，在进入这个行业之前，你首先要问问自己以下几个问题：

1. 为什么想成为家庭教育指导师？

2. 家庭教育指导师这份职业对自己来说意味着什么？

3. 热爱这份职业，甚至会为之着迷吗？

4. 想在这个领域有卓越的表现，做出卓越的成绩吗？

5. 有什么样的才能去支持这份工作？

6. 擅长这份工作吗？做起来感觉轻松吗？

7. 愿意为这份事业投入金钱和时间，持续学习和成长吗？

8. 会因为这份工作而加班加点、废寝忘食吗？

9. 会因为这份工作而自豪吗？

家庭教育指导师这份职业，门槛很低，但要求很高，这是一份需要付出极大的热情，并且终身持续成长的工作。

需要有一个良好的出发点

出发点，决定了你在这个行业最终能走多远，决定了你将来的成就会有多高。

当你想要进入家庭教育行业的时候，你是把它当成一份事业，还是一个赚钱的工具？或者，你是否因为身边的人跟你说这个行业很风光而特别羡慕？还是你真的很热爱这个行业？你是带着什么样的心态和意识进入这个行业的？你和这份职业的关系是怎样的呢？

以上这些，最终会决定你在这个行业发展的前景，也会决定你接下来从事这份工作的品质。

下面，我可以引导你来做一个小练习，一起来看看，这份职业对你来说意味着什么。

1. 准备三张纸条，分别写上"职业""事业""志业"。

2. 把它们折叠起来，打乱，看不到里面写什么即可。

3. 站起来，将三张纸条放在你面前的地面上，依次排开。

4. 双脚踩在第一张纸条上，静下心来去感受，将你当时的想法记录下来；第二张纸条和第三张纸条重复前面的操作。

5. 当你觉得可以了，请打开这三张纸条，你当时的想法，分别对应的是哪张纸条呢？

什么是"职业"？ 职业是你在社会上扮演的角色，是社会分工中体现自我价值的角色定位，是通过你的自有资产去转换为生活用品或服务，以满足生存和发展需要的一种途径。职业不一定是自己喜欢的，也不一定要实现自我人生价值。

什么是"事业"？ 事业表于外，立于功。事业是为实现自己的人生目标、人生价值和人生抱负所从事的工作，是社会认同和自我价值的真正体现。人们可以为事业奋斗终生，很多人并不会受到时间的限制与规范，下班以后可能会为了完成或达到一个目标而不眠不休地努力与投入，充满热情，只为了完成或成就一件事情。就像很多创业者，他们投入很多心力把一份工作做到极致，追求的是更长远的美好未来。

什么是"志业"？ 志业是你的志之所向，发于心，蕴于内。孔子说"士志于道"，让自己的生命融入学与道之中，与学共在。故孔门三千，身通六艺者七十二人。近代学者吴宓曾在《我之人生观》一文中辨析："志业者，吾闲暇从容之时，为自己而作事，毫无报酬。其事必为吾之所极乐为，能尽用吾之所长，他人为之未必及我。而所以为此者，则由一己坚决之志愿，百折不挠之热诚毅力。纵牺牲极巨，仍必为之无懈。"

家庭教育指导师这个角色，对你来说意味着什么呢？

需要热爱这份事业

稻盛和夫先生在《干法》一书中将工作的人分为三种类型。

1. **不燃型**：点火也烧不起来的人；

2. **可燃型**：点火就着的人；

3. **自燃型**：没人点自己就能熊熊燃烧的人。

那些自燃型的人，他们有极强的自主驱动力。他们不认为工作是一种任务，他们不用等别人吩咐，就会自发地去干，他们可以长期处于学习的状态，他们对工作抱有无限的热情。这种热情，就像《复仇者联盟》里能获得宇宙力量的"无限宝石"，能够源源不断地为其注入工作的动力。

我可以站在讲台上连续讲十几天的课，都不会累。我的学员总是问我：老师，您为什么有用不完的精力？我总是告诉他们，因为我深深地热爱着我的事业。我在我的工作中能够获得极大的满足和自豪感，我的工作和生活也早已融为一体，我愿意为之奋斗一生，即使等我老了，我依旧能够为帮助更多人快乐起来而奋斗！

我认为工作并不是一种消耗，而是一种投资。尤其是在家庭教育行业，你的每一个案例，你每一次为案主解决困扰的经历，你每一次的学习总结，都将成为你宝贵的财富。这些经验将有力地支持你更好地为下一个案主服务，支持你更好地认识和提升自己，也将不断地为你的知识和技能加分。你会变得越来越有价值，反过来，你又能帮助到越来越多的人。

我在最初讲家庭教育课的时候，经历了无数次的演练和实践。但每次开课前我都会非常认真地备课，我曾经一整个晚上都在备课，睡着了醒过来继续备课。了解我的学员都知道，虽然我用的是同一本教材，但每一次课程讲得都不一样。因为学员变了，我也在不断成长，所以每一次课程都是独一无二的。当我不断去迭代自己的时候，那些曾经所学的知识，会融入我的血液，成为我身体的一部分。而所有的这些，都需要对这份职业有足够的热爱！

需要有所擅长

在从事这份职业之前，你是否具备为这份工作赋能的长处？

家庭教育指导师并不像医生那样，是一份专业壁垒很高的工作。但它需要更全面的能力，比如需要掌握教育心理学的知识，需要具备同理心、沟通能力、共情能力以及持续成长的能力……

有的人有很强的观察能力、倾听能力和理解能力，能够耐心倾听案主的阐述，并迅速抓住重点；有的人有很强的语言表达能力，能够通过适当的语言和态度与案主进行有效的沟通，协助案主厘清问题的核心；有的人有很强的共情能力，能够站在案主的角度，理解和感受他们的情绪和困扰，通过共情，与案主建立更深入的情感连接，让案主感受到被理解和支持；有的人有很强的表现能力，能在网络上宣传家庭教育的知识……

这是你在从事这份职业的时候能加分的项目，是有可能让你脱颖而出的重要资本。不管是哪种长处，你都可以适当融入工作当中，成为帮助别人的增值项。

需要终身学习的能力

如果上文提及的能力你都不太突出，那么，你至少要具备终身学习的能力。家庭教育指导师的知识领域是非常具有"弥散性"的。

首先，它的知识体系的通用性不强。我常说没有两个家庭是一样的，也没有两个家庭遇到的问题是一样的。每个个案都有它的独特性，需要用针对性的方式去处理。即使有一些案主，他们阐述了一样的问题，表达了一样的诉求，但在结合他们的家庭情况去处理的时候，也有可能采取完全不一样的手段。

其次，家庭教育涉及的知识体系庞杂繁复。想成为一名家庭教育指导师，不仅要通过学习、阅读获得显性知识，还需要有各种实战中获得的隐性知识。此外，我们还需要不断与同侪交流成长，导师督导等。

中国的心理学、家庭教育行业，属于"非学历教育"行业，大多数心理咨询师，在拿到资格证书之后，都需要补充大量的专业知识，需要接受很多专业培训，因此积极参加各种学习、培训班也成了非常必要的选择。

我在考取国家二级心理咨询师之后，陆续学习了儿童心理学、发展心理学、催眠疗法、认知情绪疗法……后来又跟着我的老师李中莹学习了《NLP简快心理疗法》，跟着伯特·海灵格学习了家族系统排列。所有的这些知识、技术都支持着我现在的工作，融入每一个个案里。同时，我将我的所学进行归纳整合，形成了我拥有独立版权的疗愈技术——西塔家排。我现在是一名导师，但在授课之余，依旧不断外出学习进修，不断精进自己。终身学习被我视为最重要的能力。

需要有专业技能证书

2017年，人社部取消了心理咨询师职业资格的统一考试，把心理咨询师的技能鉴定工作交给了部分第三方机构。你可以选择比较权威的机构考取证书，如中国科学院心理研究所的心理咨询师基础培训合格证书，教育部旗下的中国智慧工程研究会心理督导专业委员会和中国老教授协会职业教育委员会共同颁发的家庭系统整合师岗位技能培训证书等。

证书是你岗位技能的权威认证，会让你对这个行业充满资格感，无形中给你带来很多隐形的动力。我的每一次课程，都会严格考查我的学员，为他们颁发专业的技能证书，这也是我对他们技能的认可。有了行业的认可，你对自己在这个行业的发展，才会充满信心。

所以，如果你想成为家庭教育指导师，就从以上这五个方面去考量自己是否符合相关要求。如果全都满足，那就说明你能够成为一名家庭教育指导师，而且能在这条路上走得很远。

一名优秀的家庭教育指导师，
首先要真的爱这个行业，
爱自己的来访者；
其次要对这个职业有一份荣誉感
和使命感。

"

家庭教育指导师必备的基本功

赵婉新

西塔家排创始人
西塔心理创始人
创办婉若新生身心成长平台

我们日常与人沟通，通常都是比较简单的问题，更多的是去听讲述者的问题，对方说什么我们就回答什么。比如，你吃饭了吗？你们家有几口人？等等。但是作为家庭教育指导师，我们要面对的是一个家庭当中亲子关系的问题、孩子的问题、夫妻关系的问题等。

家庭教育指导师必须具备一定的专业能力来应对这些问题，要了解孩子的心理，了解孩子的学习问题、情绪问题，厘清孩子的问题与什么有关，是和学校、家庭、家族、孩子自身有关，还是跟孩子的其他经历有关？

要热爱这个行业

名优秀的家庭教育指导师，首先要真的爱这个行业，爱自己的来访者；其次要对这个职业有一份荣誉感和使命感。当我们对自己的职业有荣誉感和使命感的时候，就不会去做一些玷污自己的职业和这个行业的事情。

闭上眼睛想象一下，你现在就是一名家庭教育指导师，那些家长来请你指导、疗愈他们。来访者咨询的问题，通常是孩子不上学、抑郁、不听父母的话，然后老公也不配合，等等。

想象一下，作为一名家庭教育指导师，当这些人带着这些问题来找你咨询的时候，你是什么感觉？你是不是喜欢从事这样一份工作？最起码你不排斥、不反感，才有可能做得好，才有可能做出结果。

来到我们身边的人，肯定是在生活中遇到了棘手的问题。我们面对来访者，心里就不能只想着怎么赚他们的钱。要知道，人饿了需要买粮食，需要吃饭，这个是刚需，而寻求疗愈却不是刚需。可是来访者愿意花钱、花时间、花精力来找你，是因为他真的解决不了自己遇到的问题。大多数来访者都是陷入困境的人，比如话说不清楚，带着很多的执念，甚至有创伤，攻击人……如果你没有一份大爱，你就很容易受到影响。

在做疗愈的过程中，我们要保持中正，要有爱心。当你有爱心的时候，就会热爱你的工作、你的来访者，热爱彼此的生命，你自然也就有耐心了。

因此，想要成为一名优秀的家庭教育指导师，能够在这个行业持久深耕，能够做出成绩、有效果，热爱是第一要素和内驱力。

通过倾听建立解决问题的渠道

第一，倾听家长

作为家庭教育指导师，倾听能力是必须具备的基本能力。通常来找家庭教育指导师的人是家长，而他们通常咨询的都是孩子的问题，很少有孩子主动对妈妈说，"我要去找一个家庭教育指导师"。比如，家长对你阐述孩子沉迷于网络、注意力不集中、不愿和父母讲话等问题，家庭教育指导师需要透过家长阐述孩子这些现象时的语言和表情，剖析出这个家长的信念和价值观，看到这些现象背后深层次的原因。

孩子问题的背后往往与父母有着很大的关系。现在的孩子，内心是非常有灵性的，父母对孩子有更大的支持、包容和爱，孩子就可以相对茁壮地成长；父母嫌弃、打压孩子，对孩子有很多限制，把自己的意愿强加给孩子，让孩子成为自己理想的替代者，但是孩子知道这不是自己想要的，就会自动地去反抗。

因此，家庭教育指导师不仅要倾听家长说什么，这部分只占30%，还要通过倾听，了解另外70%来自他们语言背后的信念和价值观。

例如，有很多家长跟我说，他们给孩子找了最好的补课老师，利用一切的空余时间去补课，但就是没效果，为什么？

因为孩子没有办法反抗家长，家长说的他必须听，但是他可以决定在老师讲课的时候自己内心想什么，表面上在跟老师学习，但是他早就开小差了。

作为家庭教育指导师，我们要从家长的语言中，听到这些背后的内容。比如有些家长的信念和价值观就是学习至上，认为孩子的学习比任何事都重要；而对孩子来说，排在第一位的不是学习，而是玩耍。如果家长把学习放在孩子的天性需求之上，甚至遏制了孩子的玩耍时间，遏制了孩子跟他人互动的需求，那么这个孩子在学习方面似乎是听了家长的话，每天都在上课，每天都在补课，但是效果却不理想，或者根本没有效果。

孩子在日常生活中，是非常需要被家长肯定的，需要得到父母的爱、尊重和认可。对于孩子而言，并没有其他复杂的社会关系，父母对他们来说就是最重要的人际关系。

现在的孩子如果在家庭中缺乏爱和安全感，就会去网络上寻找。网络上的各种游戏、奖励，只要点一点就能拿到，就能轻易满足自己的成就感，这就好像人饿了需要吃东西一样，孩子内心是需要被鼓励、被支持和被肯定的，这是本能。

你这次怎么没有考好？你怎么总是注意力不集中？你为什么总是做不好……我们身边大多数父母的问题都是这样的，但是孩子的内心又需要被滋养，缺失的部分，恰恰游戏可以带给他。现在的网络游戏都非常符合小孩子的心理需求，节奏快、变化多、好看、有趣、有奖励，这些都是生活中父母给不了的。

在游戏里面，孩子很容易被吸引、被刺激、被奖励，游戏中设计的阶段性小目标，让孩子很有成就感，能够感受到在家庭里没有感受过的尊重。这让他们停不下来，心心念念地想办法把手机从父母手里"抢"过来打游戏。

因此，作为家庭教育指导师，应该具备良好的倾听能力，而且要透过家长的语言，听到他们背后的情绪、对孩子的态度，听到他们的信念和价值观，然后去找到那些伤害孩子、阻碍孩子、影响孩子、影响亲子关系的限制性的信念和价值观，这就是家庭教育指导师要为家庭、为父母、为孩子去做的事。

▎ 第二，倾听孩子

我也遇到过一些不爱学习的孩子，但是跟父母关系还很好，父母也是懂教育的，学了一些心理学，至少不会去打压孩子、遏制孩子。但是，作为一名学生，学习肯定是重要的，不能总不去上学。

父母找到我，把孩子带过来，孩子也愿意和我交流。我们和孩子交流，就不能像和成年人那样，和他讲信念、讲价值观。你可以和孩子聊天，比如问他，你在学校里面有没有喜欢的人？你最喜欢哪个老师？你朋友多吗？你怎么看你身边的朋友？他们都在玩什么？你在玩什么……

不要一上来就跟他讨论学习方法，而是透过这些看起来无关紧要的问题，去找到这个孩子背后的信念和价值观，例如学习无用论、长大工作会很无聊、我可不想成为我爸妈那样的书呆子、世界太卷了我卷不过别人……内心有以上想法的孩子，就会不愿投入精力在学习上。

▍第三，培养倾听能力

作为一名家庭教育指导师，倾听是为后面的沟通和帮助案主做好准备。如果你都没听懂对方在说什么，没能够在尽量短的时间内了解你的来访者，抓住他内心的需求，那么你可能后面都没有机会讲出你要讲的话，做出能够帮助他们的动作。例如，一次咨询一个小时，前面十分钟你让来访者觉得你根本不懂他，那么后面五十分钟你基本上就没机会了。因此，培养自己的倾听能力非常重要。

家庭教育指导师培养自己的倾听能力，要清醒地认识到，来访者讲的话并不一定是他真正的需求，不是他说什么就是他的问题所在。来访者处在迷茫困惑当中，会讲很多他自以为是的问题，甚至还会跟你分析原因。如果他自己都分析得清清楚楚，自己能够解决，那就根本不需要来找你。他恰恰是因为自己看不到一些点，才会来找你。我们要有意识地透过来访者讲的内容，去分析他语言背后真正的原因。

练好扎实的基本功

▍ 第一，培养沟通能力

沟通能力是家庭教育指导师必须具备的能力，乐于倾听是良好沟通的前提。无论是在回答来访者的问题，还是与来访者对话，抑或是参加沙龙、讲课的时候，都需要我们具备良好的语言表达能力。另外，在沟通和学习过程中，一定要保持一颗谦卑的心。

▍ 第二，行动和实践

只有在实践的过程中才能获得经验，对自己有更全面、更深入的了解，有利于增强自己的自信心。同时在实践的过程中，你会看到自己的一些不足之处，然后去做调整。大家学到新知识后，可以先在身边的人身上去尝试，例如亲戚朋友，也可以在微信朋友圈发一发做公益的个案，然后去分享，融入沙龙活动，这些都是非常好的行动和实践。

寻找值得学习的好老师的能力

除了热爱、倾听与沟通能力外，作为一名家庭教育指导师，更重要的就是基本的疗愈能力了。我认为最基本的疗愈能力是需要学习的，因此，大家要先学习一些基本的心理咨询技术、家庭疗愈的技术。或许已经有人学了一部分疗愈技术，有的人可能什么都没学过。如果你还没开始学，或者只学了一小部分，觉得自己的能力还不够，那么我认为你首先需要找到一位好老师，找到一位真正值得你去学习的老师。

找到一位好老师，会让你事半功倍。分辨和找到一位值得学习的好老师，也是一种能力。简单来说，找老师就像我们在网上点餐，我们要看网友的评价，然后筛选出评分高的店铺。评分高的也可能有水分，但相对来说要好一点。

我们想找老师，但又没有类似的点评软件，怎么办？我认为需要看口碑。比如朋友上过这位老师的课，然后口口相传，这是一种途径。如果自己身边没有这样的人，但很想学习，那就在一些自媒体账号里寻找。如果某位老师只拍短视频，没有直播，那你就要小心了，因为短视频是有脚本的，他只要会读会演就行了，直播会更真实一些。特别是开放答疑的直播，个人能力、应变能力的展示，和脚本的输出完全不同。那么怎样才能找到值得你去学习的好老师呢？下面给大家提供一些选择老师的基本方法。

第一，看这位老师的生命状态

我们内在的状态、能量决定着我们外在的状态，你见到的这位老师，他的状态是怎样的？例如他的面相、气色，他的生命力是什么样的状态，等等。这是最简单的办法。一位老师的内在是怎样的，我们可以通过他呈现出来的外在状态来反推。

▌ 第二，看这位老师的人际关系

如果这位老师的人际关系不好，比如亲戚关系不好、亲子关系不好、师生关系不好，与家人的关系也不好，那么，我不建议找这样的老师。

▌ 第三，看这位老师的财富状态

我很想与大家讲讲什么是财富状态，如果一位老师日子过得紧巴巴的，你觉得他的内在能有多丰富？一个人的财富状态也是他内在状态的显化。我们的人生是自己创造的，你内在带着怎样的信念，你就在创造怎样的外在。

有位在 2018 年就认识我的朋友对我说，老师，你越来越好、越来越温暖了！其实，这与内在是否愿意成长有很大的关系，包括身体的健康。当年我跟随李中莹老师学习，他对我的影响非常大。如果说我这一生的改变分为两个阶段的话，我认为就是跟随我的老师学习前和跟随我的老师学习后。学习前的我和学习后的我有着完全不一样的状态，是一种彻底翻转的改变。

我和老师学习，也是从基础开始学起，一直到成为一名优秀的导师。这个过程中有很多的沉淀和积累。因此，大家在某一段时间内，不要一会儿找这个老师，一会儿找那个老师，尽量跟随一个老师学习。我建议大家尽量找自己认可的老师去深钻，纵深地去认真学习，然后再拓宽。这是我当年的经验。

上面就是家庭教育指导师需要具备的基本功，大家掌握了这些基本功，在面对来访者时，就能轻松应对，帮助他们真正解决问题。

做一名家庭教育指导师，
千万不能把自己变成拯救者。

"

家庭教育指导师要避免踩的坑

赵婉新

西塔家排创始人
西塔心理创始人
创办婉若新生身心成长平台

　　对于家庭教育指导师，尤其是新入行的家庭教育指导师来说，经常会不自觉地踩到一些坑。比如，在学习的时候，特别容易把老师的能力约等于自己内在的能力，学习之后就认为自己能够帮助别人解决家庭问题了。

　　其实，我们要对自己有一个清醒的认知，尤其是刚开始做咨询，一定要承认自己有些事情做不到，避免踩坑。下面，我就自己的经验，提醒家庭教育指导师应该避免踩哪些坑。

避免成为拯救者

　　有些家庭教育指导师会因为学习了家庭疗愈，具备了一定的专业知识，就认为自己已经懂得很多，就会以专业的眼光看别人，认为身边的人都有问题，人人都需要被改变，人人都需要被拯救。然后以老师自居，用一个行业人士的身份来指导自己身边的那些人，说他们这有问题，那有问题。

　　你要知道，没有人喜欢被你指点，也没有人喜欢被你教育，你这样的方式和方法是错误的。正所谓"医不叩门，道不轻传"，不要随意指点别人，随意给人家辅导，更不要随意指出人家的问题，要给人家治病。这是个很大的坑。

我见过很多家庭教育指导师，他们在学完以后，就总是觉得这个人也不对，那个人也不好。有一种人，好为人师，学完之后就喜欢给人做辅导，给人家当老师，其实这是一种越界的行为，会让别人对你产生特别大的反感。

还有一种人，不好为人师，但更嫌弃别人，觉得这个人觉悟低，那个人意识太差，认为这个人原生家庭有问题，觉得身边的人意识都低于自己，朋友们都不如自己……然后就很想远离别人，导致学完之后反而让自己变得更糟糕了。

我说的"更糟糕"，也许你觉得自己挺好的，你看到的是别人糟糕，实际上你认为别人糟糕的意识，会让你的各种关系出现问题，比如你的伴侣，你让他觉得不舒服，他反过来找你的事儿，你们的关系就会变得更糟糕。因此，做一名家庭教育指导师，千万不能把自己变成拯救者。

如果你学完疗愈，主动找人家做疗愈的话，效果不会很好。你要用你的方式分享出去，让人家愿意来找你，人家向你提出一些邀请或者提问，你再去回答，而不是你主动对人家说"你有病得治，我来给你治"，千万不要这样做，这是一个初学的家庭教育指导师特别容易踩的坑。

避免盲目辞职和投资

有些人因为学习了、成长了，因为同学之间的相互支持和鼓励，就认为自己非常优秀了，然后就盲目辞职，专职来做家庭教育指导师。还有些人，认为现在孩子抑郁的、家庭出现问题的这么多，家庭教育这个行业绝对是个蓝海，就想要在这个行业赚大钱。

我的经验告诉大家，不要轻易辞职进入这个行业。你可以先从自己或身边人身上尝试，等到人脉和客户积累到一定量的时候，再去衡量这个职业是否可以成为自己的主业，然后再考虑是不是要辞职去干，否则会承担很大的风险。

还有一种情况，有些人刚好离职，没有主业，正处在寻找下一份职业的空档期。在这样的情况下，就特别容易学完后觉得太好了，然后马上租一个场地，弄一个教室，开一个公司，雇两个人开干。这样会让你的投资成本很大，每个月至少几万元钱的成本，会让你有很大的压力，当你带着这些压力去做家庭教育这件事的时候，会让你变形，背离做这件事的初衷。

因此，想要做家庭教育指导师的朋友，不要急着去开工作室，先做你能做的，体验一下这个行业市场，比如可以先在网上做，也可以跟着老师做，如果老师有平台，你可以进入他的团队。不要把赚钱当成第一目标，因为试错的成本是很高的，而老师能给你提供试错的成本。千万不要一开始就直接冲进去，甚至盲目把全部身家投进去。

知识付费，是工作成熟的开始

刚刚进入这个行业，我会建议大家免费给人做疗愈，因为我们需要积累大量的个案经验。但是如果你长期做免费个案，会发现效果没有想象中那么好，尤其是连续找你免费做多次的。

前期免费的前提，是因为你刚学完，能力不足，第一目的是提升能力。如果只是给你的伴侣、孩子和家人做疗愈，你的量上不去，就没有办法从量变形成质变。

如果你在别的咨询领域已经有受众了，比如有人是情感博主，在自身领域已经有所成就了，现在又想来学家庭教育，将新学的东西融入过去成熟的课程体系当中，当然可以不用从免费做起。

另外，如果长期免费服务，你一直在付出时间和精力，而没有获得相应的回报，这不符合宇宙法则。如果你在做了上万例公益个案之后依然免费，这个能量就不平衡了，虽然你的头脑还在做，但你的情绪可能会让你觉得不舒服。

对于来访者来说，他一直找你免费疗愈，他没有付出，他得到的效果也并不好。免费的东西体验感基本都不好，长期免费服务会助长匮乏心态。

有人可能会说，我们就不能去养老院、孤儿院做公益吗？当然可以，你可以把做公益当成生活和工作的一部分。但是，我想说的是，如果你每天都去孤儿院、养老院做义工，没有丝毫收入的话，你还能坚持做下去吗？你的内在不会产生一些负面情绪吗？

我说的这些，指的都是普通的从业者，如果你的经济条件允许，钱已经够多了，做这个行业就是为了满足自己的精神需求，就是单纯为了帮助别人，不需要获得任何经济回报，当然可以长期免费去做公益。

知识不付费，永远都学不会。长期做免费个案，从收付平衡的角度来说，是有问题的。而且对方会因为你给他做了个案，他没有付出，效果不好，就会误认为这种疗愈没效果，反而关闭了他继续疗愈的可能性，这对你、对他来说都没有好处，看上去好像你在献爱心，其实并不是。

新人不容忽视的三个点

第一，不要盲目上课

一开始，我们刚进入这个行业，什么都没有学，想要往这个行业发展，我给大家的建议是不要盲目地上课。你要去找一两位老师，先去听一听他们的课，然后选一个对你口味的、符合自己喜好的、让你觉得舒服的，再去上他的课。

这位老师能够被你喜欢，他一定有自己的知识体系，才有能力去教别人。这样你就能有逻辑、有纵深地学习，否则你就会一直在学最浅的知识，还会误以为自己学了很多内容，到了实际运用的时候，就会发现是非常不够的，因为你学的都是入门课，这是进入这个领域学习很常见的一个问题。

因此，我建议大家不要盲目上课，找对老师之后再上课，让自己的学习有深度。这样能够让你实际运用出来的方法以及讲出来的内容都是有专业度的。

第二，不要和来访者产生暧昧关系

作为家庭教育指导师，千万不要跟你的来访者产生暧昧关系，这不仅会伤害你自己，也会让你的疗愈无法成功。如果你是单身，对方也是单身，你真的爱上了对方，对方也爱上了你，那么卸下家庭教育指导师的身份，在对方面前，你就是其伴侣。有了这层关系，你就不能为其疗愈了。

第三，不要成为家长的同盟

在做家庭教育的时候，需要注意的是：不要被家长当作改变孩子的工具。家长在家里觉得自己孩子有问题，他想要改变他的孩子、控制他的孩子，可是他搞不定，于是找了一个所谓专业的你来替他搞定他的孩子。

这个时候，你要特别注意的是，别让自己成为家长的同盟，和家长一起去对付孩子。有些时候是家长的问题，但是你认同了他，你就会不自觉地成为家长的同盟。那么，就会让你的个案很难有效果，因为这个时候你已经不中正了，做一个疗愈师，必须中正。

另外，也不要成为案主改变家人的权威力量，不要让自己成为他操控别人的同盟，因为他不会成功，你更不会成功。如果你的出发点就是错的，就会导致你的个案没效果，让你的自信受创，怀疑自己做不好个案，从而导致你认为自己不适合做家庭教育指导师。

想要避免这个坑，就不要去做案主的"父母亲"，要和你的来访者保持界限，也不要做别人的情绪"垃圾桶"。

当然，家庭教育指导师在工作过程中需要避免踩的坑远不止这些，如果你想知道家庭教育这个行业还有哪些坑，我的建议是向自己跟随的老师以及一些经验丰富的家庭教育指导师请教，这样你就会在行业发展道路上少走很多弯路。

第二章

持续修炼，育人先育己

作为家庭教育工作者、心理疗愈工作者，要做好终身学习的准备，对自己负责，
也是对你的来访者负责。

"

新人进入家庭教育行业如何持续学习和成长？

 赵婉新

西塔家排创始人
西塔心理创始人
创办婉若新生身心成长平台

作为家庭教育工作者、心理疗愈工作者，要做好终身学习的准备，对自己负责，也是对你的来访者负责。

因为热爱这个行业，才会认为自己做的事非常有价值、有意义，也会很自豪。这种热爱会成为一个人持续学习和成长的源源不断的动力。

这个世界变化很快，并不是你学会了一项技能，就能一成不变地一直给别人上课，这肯定是不行的。我每次讲的同一个课程，主线是一致的，教材是一样的，但每次讲的都不一样，原因就在于我在不断地学习和成长。因为家庭教育的领域，包括这个世界都在不断地变化，我们保持学习是非常重要的。

该考的证都考了，还要学什么？

许多新入行的家庭教育指导师，都容易陷入一个误区，那就是能考的证都考到了，还要学什么？家庭教育指导师持续学习，并不只是考证，或者学习某一个专业，而是一种人生态度。我们作为一名家庭教育指导师，需要具备与时俱进的能力，需要有终身学习的态度，我们应该是一个终身学习者。

学习不仅限于心理咨询、家庭教育专业，像孩子们在玩什么、互联网是怎么回事、直播怎么做、故事怎么讲、宣传文案怎么写、怎样让别人知道自己、怎样才能把自己的产品卖出去……这些都是要学习的。

你的来访者来自各行各业，不同年龄、不同城市，有着不同的文化背景、专业背景，会向你提出差异化的问题，以及现在的困惑。作为一名家庭教育指导师，你要指导人家，如果你都听不懂人家在说什么，你用什么指导？因此，你如果想要去帮助更多的人，至少要能听得懂对方讲什么。

例如，这个人研究国学，对中国传统文化特别感兴趣，他的问题来自国学，那么你是不是要对国学也得懂一点？那个人讲的问题和他宗教信仰有关系，和他们信仰当中集体意识有关系，你是不是还要对各个宗教有点了解？

因此，我认为学习不能局限于心理和家庭教育的专业上，我们是做"人"的工作，为"人"服务，所以与人相关的知识，都可以学。

当我们去帮助别人的时候，不仅仅是你说的什么可以引导别人，你的状态也会引导别人，状态对来访者而言，也许就是一份疗愈，又或者是一种限制。如果你很博学，你在做这份工作的时候，就会驾轻就熟、游刃有余，你也会乐在其中。反之，如果你听不懂来访者说什么，你就会感到棘手，来访者也会因为你不懂，认为你不理解他，而你又努力地想要维持自己专家的身份，这就会让你们的沟通难以顺畅。

知识面狭窄也会对你的事业发展形成障碍，因为你只能服务于你身边的某一种类型的人，超出这个类型，你就服务不了。因此，家庭教育指导师要做好终身学习的准备，学习的内容也不能局限于疗愈专业。

学习很努力却没效果是怎么回事？

"我很努力"，来自我们的潜意识，我们在意识层面做了选择。我们花时间、花精力背书，加班加点地学习，记了几大摞笔记……这些都是意识层面在行动，但最后结果并不理想，阻碍也来自我们的潜意识，潜意识给我们的影响是非常大的。

瑞士心理学家卡尔·荣格曾说："你的潜意识正在操控你的人生，而你却称其为命运。"就像有些人会这样说自己：天生就笨，我们家就没有一个学习好的，我父母没文化，我们家最高学历才是个专科，我肯定学不会，我们家就没有学习基因，这就是我的命，我再努力也摆脱不了我的命运……

但事实就是这样吗？实际上这是潜意识在作怪。原生家庭的影响、童年经历、家族曾经的一些事情等，都是形成各种潜意识的诱因。比如家族的集体认知是"不能出人头地，出人头地很危险"，你就会在潜意识中告诉自己，不要成为优秀的人。你越想变得优秀的时候，你的潜意识就越会跑出来阻止你，不让你变得更好，最后就会导致你很努力，却收获不到好的效果。

还有一些人平时学习特别好，小考也挺好，一到大考就考砸，这是非常典型的潜意识阻止你，不让你变好。这种情况光靠自己的努力是很难改变的，而是需要找专业的人，深入你的潜意识，帮你清晰地看见障碍，然后清理掉这些障碍，帮助你跳出旧有模式，这也是我正在做的工作。

怎样持续学习和成长？

无论你是在关注、观察，还是刚刚进入家庭教育这个行业，又或者你已经进入这个行业一段时间，有了一定的经验，我相信只要你持续地努力、坚持使用以下这些方法，你就会成为一名在家庭教育、家庭疗愈这个领域的优秀工作者。

第一，关注行业最新的研究成果

要去关注这个行业一些最新的研究成果，关注业内大咖们在讲什么，比如参加一些大咖的培训课程、工作坊，参加一些行业的峰会，等等。在这种行业峰会中，你能够获取多位行业领袖分享的最新理念，从中收获很多，知道这个行业当下是如何发展的。

▌ 第二，建立良好的社会关系

你要懂得如何跟别人建立良好的社会关系，这属于一项专业技能。同时，你要培养自己有效沟通的能力和解决问题的能力，通过你的爱心、高质量的陪伴，赢得更多家庭的接受和喜爱，你的事业就能慢慢展开了。

此外，还要持续在自己身上下功夫，养成觉察的习惯，去觉察自己的情绪、意识、身体的变化，这样会帮助自己快速成长。当自己的认知盲区越来越小，能够帮助的人就会越来越多。

只要坚持，人人都可以发光。只要长期坚持，愿意成长，就会成为一个发光者。所以去问你的内心，这是不是你想做的事情？然后长期去做正确的事，在做的过程中积累，越积累，就会越成功。

▌ 第三，保持敬畏之心

我经常跟我的学员们讲，我们的已知圈越大，我们的未知圈就越大。当你懂得越多的时候，你就越清晰地意识到自己懂得太少，知道得太少。所以，无论我们是刚刚做，还是已经做出一定的成绩，甚至有一天成为行业内的顶尖人物，始终都要保持一份敬畏心。

无论是做疗愈还是开课，我们都要培养自己的专属形象——一个受人喜欢的，人家愿意去听你讲课的形象，这是一个长期积累的过程。

但是，你要毁掉它却非常快，比如你不懂装懂，在来访者面前随便说，实际上你是不懂的。那么，这可能会毁掉你过去那么长时间所积累的一切。

因此，保持敬畏心，简单说就是"我不懂就是不懂，我懂就是懂"。保持这样的谦卑，哪怕将来有一天你真的很成功了，依然也要保持敬畏之心，这也是我长期以来所遵循的一个心法。

家庭教育指导师怎样做职业规划？

想要成为职业的家庭教育指导师，首先要对这个职业有一定的了解。有时候我们雾里看花，看到的都是表象。例如，有些女孩子可能会有一个开花店的梦想，想要开一家花店的时候，我们心中会有一份想象、一份美好，这个时候，我们对花店的定义可能来自一些文艺作品，这就是我们看到的表象。

有人问我，开花店要租什么样的门店？要投多少钱？是加盟还是怎样？我就会建议她去找一家花店，从早到晚观察三天，花店老板一开门就去附近观察，甚至可以免费给店里做三天零工。三天的时间，你对于一个花店就会有更深的认识了，三天以后你再问问自己，这是不是你想做的。

做家庭教育指导师也是一样。

首先，你要了解一下这个行业，去跟这个行业的从业者交流。当你了解了这份职业，需要做这么多的事，需要学那么多的知识之后，再问问自己是否还愿意从事这份职业。

其次，通过上课了解一下这个职业是不是你喜欢的，是不是你擅长的。并不是每个人都擅长任何职业，比如我就不擅长财务工作，这和智商没关系，硬要去做，效果一定很差。有时候，我们以为自己很擅长的事情，但真干的时候却不一定游刃有余。我们对自己的了解是很少的，如果你擅长做某件事，你很轻松就能做好，甚至不用付出很多努力；如果你既擅长又努力，那你就会成为行业的精英。

最后，要考虑市场。想要将这份工作当成职业，先了解自己是否热爱，然后考虑一下市场是否有需求，能不能赚到钱，再决定是否成为职业的家庭教育指导师。当我们决定去做一件事情的时候，就一定会经历一些事，这些事就是来帮助我们成长的，帮助我们成功的。我见到太多人，包括我的学生，遇到困难就开始怀疑自己是否适合做这件事。

做任何事遇到困难都很正常，我们在做一件长期的、持久的事情的时候，会遇到这样那样的困难，例如有些人对你的误解、不理解等，这都是很正常的。只要是你遵循内心在做的事，那么你就根据你的心去做这个长期的、有意义的事。

我非常热爱我的工作，我也希望会集更多的同道中人一起成为灯塔，用生命点亮更多的生命，我们一起去做这些有意义的事。

我为我的学员们自豪，为我的孩子自豪，也为自己感到
自豪！

家庭教育指导师，
首先要自己受益，
自己身边的人受益，
自己的家庭受益，
这样才更有说服力。

家庭教育指导师如何做咨询？

赵婉新

西塔家排创始人
西塔心理创始人
创办婉若新生身心成长平台

如果你刚刚进入家庭教育这个行业，或者刚学了不久，又或者准备进入这个行业，要怎样做咨询？家庭教育这个行业，先要自己受益，如果连你自己都没有受益，又怎么能很好地指导别人呢？现在的确有这样的导师，讲得头头是道，但是自己根本没有活出来，家庭问题一大堆，人际关系也很糟糕。

我认为，家庭教育指导师，首先要自己受益，自己身边的人受益，自己的家庭受益，这样才更有说服力。

自己先要受益，才能帮助他人

家庭教育指导师看上去是告诉我们如何指导那些出现问题的家庭，帮助那些不上学的孩子和焦虑的父母，解决亲子关系问题。实际上，作为一名学问的传播者，作为一个帮助别人的人，首先你自己内在需要有这样一份收获，有这样一份领悟。你是受益者，你讲出来的话，你给别人提供的这些帮助，才更有力量。

我认为真实和真诚是最有力的，比如你有孩子，你就要在跟孩子互动过程中，使用你学到的方法。我当年就是这样，我刚学的时候，并不知道我将来可以帮助别人。因为当时我自己都在人生低谷，我的孩子情况也很糟，我又怎么去帮助别人呢？所以，我把学到的知识先用在了自己的孩子身上，但是，发现并没有用。

我学的时候，老师说这个是有用的，只要这样对孩子讲话，孩子就会听你的，然后他就愿意去做。我完全按照老师讲的表情、语气、肢体、语言等，应用在孩子身上，我发现没用，这跟老师讲的不一样。

为什么没有用呢？慢慢地，我才发现是因为我自己内外不合一，不和谐。我的头脑知道这样做是有用的，但我的内心根本就不是这样想的，我的内心就是希望孩子能考个好大学，认为他每天好好学习，认为他应该像别人家孩子那么优秀……所以，我的内心和我讲的，与从老师那里学来的东西不是合一的。

我们最初要利用生活中的每一段关系，使用我们学到的知识。而且，在这个过程中，我们要带着自省的意识，去觉察自己内心和我们外在的语言是否匹配。

作为一名家庭教育指导师，我们要先把自己作为研究对象，因为我们能看到自己外在在做什么，同时第一时间就知道自己的内心在想什么。

当我们对自己有了一份觉察，我们就能不断地去提升自己，改变自己。之后，我们再去使用老师教的方法，你会发现，说的是同样的话，做的是同样的动作，甚至表情、语气都是老师当时教的，但因为你的内在改变了，孩子就爱听了。我经常说：你变了，你的世界就变了。

当你在运用这些方法的过程中，不断地去觉察自己、提升自己，再去运用、改变，然后从你的孩子、伴侣、身边的人那里得到正面的反馈，你再次觉察、提升，再次运用、改变，再次得到正面反馈……不断循环往复地提升，这会让你在将来遇到更多家庭个案的时候，无论对方是什么样子、什么状况，你都会因为自己的积累和内化而轻松应对。

因此，要想做好家庭教育方面的咨询，必须先修内功，把学会的知识变成内化的能力。这就像一个武林高手，没有内功，再厉害的招数都发挥不出威力。

家庭教育指导师要有一个稳定的内核

家庭教育指导师要做好自我情绪调控，也就是先筑基，让自己的内核是稳定的。如果你是一株墙头草，风往这边吹，你就往这边倒，风往那边吹，你就往那边倒；如果你是一棵大树，即使风来了，你也不会随风而倒，你能够感受到风，你也会有一些回应，但是风不会吹偏你的方向。

如果你的内核不稳，就会像墙头草一样，被来访者的情绪推倒。因此，你要让自己长成一棵参天大树，这样不管来访者有什么样的情绪都不会影响你。但这不是一蹴而就的，而是一个循序渐进的过程。

如果你特别容易受别人的影响，说明你还不够强大，这恰恰是一个让你看见自己、修炼内功的机会。否则你会觉得自己学得挺好，但一到实际应用的时候，你就会发现其实和自己想象的不一样。

那么，现实中的自己和想象中的自己，差异在哪里呢？差异就在于遇到事情的时候，你是什么样的状态。如果你遇到事情很着急、很焦虑，或者容易被别人的情绪激发自己的情绪，说明你需要再次疗愈自己、修炼自己并获得成长。

我们学了老师的课，认为老师讲得非常好，就会下意识地认为自己学完了老师的课就能像老师那么厉害。其实，这是假象。

人的大脑特别容易产生这种假象，心理学的科学研究曾做过相关测试，结果参加测试的大部分人都认为自己比其他人更好。比如，我们在网上看到别人做一道菜，或者做一些手工之类的东西，我们真的是"一看就会，一做就废"。

为什么你会下意识地把网上那个人做的菜，当成自己也会了？作为家庭教育指导师，我们一看就会，相当于老师教我们的知识，学起来很简单，但是真要为来访者做个案的时候，就会发现和课上学的差异非常大。

是不是上课学的是错的？当然不是，是因为你学到的知识还没有转变成能力。而将知识转化成能力最好的办法就是实践，在实践的过程中去觉察、改变、提升，再去做，然后再觉察、改变、提升……慢慢地，你学到的那些知识就会变成你的能力，而且你还能学会整合，因为你在不断实践的过程中获得的那些真正的体验，是非常有价值的。

新人入行什么能做，什么不能做？

▌ 第一，家庭教育指导师要有上岗证

你想成为家庭教育指导师，把它当成自己的事业，或者是去帮助更多的人，你就需要有一个上岗证，考一个家庭教育指导师资格证，就像你想当会计，得有会计证，想当律师，得有律师资格证；也可以考一个中科院的心理咨询师资格证，最起码考一个社工师证。

▌ 第二，不要接身体类疾病导致的精神类疾病的个案

对于新入行的家庭教育指导师而言，身体类疾病导致的精神类疾病，我建议先不要接这方面的个案。遇到这样的个案，也不要轻易地去建议来访者停药，可以转介给资深的导师。

当然，这并不是说将来不能接。目前，只做你能做的，不要去做你能力做不到的事，承认有些事情自己目前做不到不丢人，因为你还在学习成长中，把这些做不到的事转给其

他能力更强的专家、老师，不要认为自己无所不能。

第三，确定来访案主是谁

初入行的家庭教育指导师，接了家庭教育方面的个案，首先要确定来访者是谁。例如，妈妈带着厌学的孩子来做咨询，你认为来访者是谁？是孩子还是家长？

你需要知道真正的问题出在哪里，不能因为家长跟你讲了一大堆孩子的问题，比如，在家里面什么事都不做，非常懒，每天都在打游戏，睡到下午才起床……你就认为问题出在孩子身上。实际上，很有可能问题出在家长身上。作为一个家庭教育指导师，你必须先弄清楚真正的来访者是谁，真正的案主是谁！

在一个家庭当中，没有一对关系是单独存在的。经常有妈妈问我，孩子和爸爸的关系不好怎么办？实际上，父子关系只是呈现在表面的一个"象"，并不是单独存在的，造成父子关系不好的原因有很多，有些时候，问题的根源其实是在妈妈身上。

因此，你需要找到个案真正的案主是谁，有些个案表面看上去案主是孩子，但可能是妈妈，是爸爸，甚至是家里的婆媳关系，妈妈和奶奶给孩子带来的影响，等等。

孩子的问题一般都与家庭有关系。除了家庭原因，还有孩子个人原因，比如学校因素，学校里的氛围影响了孩子；还有就是社会因素，比如一些网络的不良诱导以及其他的因素。

你如果想要做好家庭教育方面的咨询，思维需要多元化，如果只是孩子来了你就给孩子做工作，这样的咨询是很难有效果的，必须用系统的视角去看待孩子。

所以，家庭教育指导师不是跟老师学了之后就能做咨询，还要将知识转化为自己的能力，并不断修炼自己，让自己拥有一个强大的内核，同时还要知道自己能做什么、不能做什么，对自己有一个清楚的认知。

其实，孩子出现问题，
往往这个家也会出现问题，
就会变得不安宁。

"

家庭教育指导师如何解决孩子的问题？

赵婉新

西塔家排创始人
西塔心理创始人
创办婉若新生身心成长平台

作为家庭教育指导师，在给别人做咨询时，有很多来访者会告诉你："老师，我的孩子出问题了，他不去上学了。"你要知道，凡是来找你的家长，往往他们的孩子的问题到达了一个程度，或者持续一段时间了，家长已经觉得解决不了了，他们非常期待你能够帮助孩子改变现状，跳出困境。

其实，孩子出现问题，往往这个家也会出现问题，就会变得不安宁。

下面我想要分享给大家，凡是孩子出问题的家庭来找你，那么孩子不管是不去上学、抑郁、躁郁、强迫症，还是厌食、过度吃停不下来，或者是其他问题，背后的原因，通常离不开四个因素。

个人因素

现在有很多这样的情况，比如，孩子想去上学，但早上就是不起床；很想学习，就是不读书；特别想努力，就是爱打游戏；很想早睡，就是拖到半夜。那么，出现这些情况的原因是什么呢？

第一，孩子的学习方式和学校的教育方式不匹配

对应大脑的功能分布，人类的学习管道大致可以分为三种：视觉型、听觉型、感觉型。

视觉型就是阅读能力和逻辑能力都很强。视觉型的孩子，先天视觉灵敏，特别容易被一些外界的东西吸引，比如窗外飞过一只鸟、哪个同学的笔掉在地上了，他能很快就知道，这样的孩子很聪明、反应很快，但就是不认真、不用心、不好好学，上课总走神。

听觉型的孩子非常适合中国的教育方式，对于老师讲的话，特别容易接收，并且容易理解、容易记住。这种类型的孩子，就是那种特别容易学会的、成绩好的孩子。

感觉型的孩子特别重视通过身体的感觉和体验来学习。感觉型的孩子，反应比较慢，比如老师出一道题，让学生们算，然后举手回答。可能其他同学都把手举起来了，感觉型孩子还在算。虽然这种孩子学得慢，但记得久，学会就不容易忘。这种类型的孩子，需要通过操作学习，比如互动，是在行动的过程中学习的。

可见，孩子的学习是有先天因素的。但是有很多家长不清楚这一点，认为自己的孩子智商有问题，认为自己的孩子不是学习的料。很多孩子对家长的话深信不疑，如果家长说

他不是学习的料，他就真的会认为自己是这个样子的。

我的儿子上小学时，没有一个老师说他是学习的料，我也认为他不是学习的料。因为在任何一个老师面前，在任何一门功课里，他都没有价值感，他可能是最差的，是那个垫底的，他就不想去上学，因为对他来说，上学是非常痛苦的。所以，我的儿子小学毕业就不上学了，开始创业。创业大半年后，又开始学习英语、心理学等。后来，到了该上初三的年纪，我帮他联系了一所国际学校。这所国际学校相对宽松一点，老师会让孩子们用戏剧的方式学习，比如上语文课，老师会让学生们把故事情节演出来。我儿子非常喜欢这种形式，他感觉很兴奋，他的表演还受到了老师的赞许，这让他一下子有了信心。虽然学习没一下变好，但也不像过去那么糟糕了。

我儿子属于感觉型的孩子，他和这所国际学校的教学方法是匹配的，他就容易学会，且容易学好，付出同样的努力他就容易有效果。

但是现在有很多孩子是不匹配传统学校的教学方法的，所以他的注意力容易不集中，也就容易听不懂、跟不上老师讲的内容，在这种情况下就会不断受到打击，他的压力会越来越大，逐渐变得没信心。当他这种情绪压抑得过久，就容易产生心理问题。所以，当孩子出现这种问题时，家长要带领孩子建立信心。这种改变不是孩子一个人进行的，家长要改变。

▌第二，孩子的天赋没有被挖掘出来

人如果在某一方面特别强，那他一定也有短板、弱项。如果这个弱项恰恰是学校考核孩子的标准的话，这个孩子就会是一个差生。这种孩子往往不太符合学校的教育理念，但他很有可能就是隐藏的天才，因为他的天赋还没有被挖掘出来。

爱迪生小时候在学校里就被认为是差生，仅上了三个月的学就被迫辍学。从那以后，他的妈妈就成了他的家庭教师。他的妈妈对他非常有耐心和爱心，持续地去爱自己的孩子。在妈妈的爱中，爱迪生的天赋才慢慢显露出来，并最终成了著名的发明家。

所以，孩子的天赋要想被挖掘出来，重要的是家长需要给孩子提供足够安全的环境，让他感觉自己是被接受的、被尊重的、被爱的，他的这个潜能才能慢慢显露出来。在这个过程中，家长需要有足够的耐心。

家庭因素

▌第一，父母教育孩子的方式

现在有很多父母把孩子当成一个机器在教育，当成一个物件在塑造。每周，孩子在学校学习五天，周末又要上兴趣班，忙得都没有自己的时间。可是孩子不是个物件，他有先天特质、有自己的喜好、有自己的思想。有些家长会说，我是为了孩子好，我吃过的盐比他吃过的饭还多，我走过的弯路不想让我的孩子再走一遍。但是，你有没有想过，你认为的就是对的吗？

很多时候，家长对孩子有过多要求是因为家长对自己不满意，自己没能实现的理想和愿望期待孩子来实现。当然有一些家长很优秀，比如家长是教授、医生、法官等，他们当年有自己的成功经验，希望能够完全复制给自己的孩子，让孩子至少要像自己这么成功，最好是比自己还成功。可是他们忽略了没有两个人是一样的，哪怕是自己的子女。所以这些成功的家长把自己的成功经验复制给自己的孩子，往往没有效果。

没有效果主要有两种表现：一种是有力量的孩子，用叛逆的方式来宣示自己的"主权"，比如划定自己喜好的"势力范围"，父母让他这样他偏那样，父母让他去上兴趣班他偏不去；还有一种是内在没有力量的孩子，会听父母的话，比如父母让他去上兴趣班他也去，但是这样的孩子会压抑自己的真实需求，压抑情绪过久就容易抑郁。他们常年没有被当一个人而是被当一个物件在塑造，他们没有得到一个独立的人需要得到的尊重、爱、真正的关心，别人的关心实际上都是关心他的成绩，关心他今天表现怎么样，这些并不是真正的关心。

所以父母需要改变教育方法。作为家长，需要给孩子提供安全的成长环境，让他感觉自己是被爱、被接受、被尊重、被支持、被允许的。

第二，夫妻关系

如果孩子的父母夫妻关系不和，比如嫌弃、彼此不接受、怀疑、冲突、对抗、疏离等，会给孩子带来多方面的问题，比如学习问题、情绪问题、精神问题等。如果爸爸妈妈成天吵架，有些妈妈还在孩子面前骂爸爸，比如"你爸是个失败者""你爸什么都干不了""你可千万别像你爸那样"，妈妈在孩子面前这样骂爸爸，看上去好像孩子跟爸爸的关系不好了、疏离了，也不接受爸爸了，实际上是给孩子抑郁、躁狂埋下了"种子"；反过来，爸爸对妈妈也是一样。

如果两个人的关系不好，又真的没有办法和好，最好和平分开、彼此尊重，这样对孩子的影响反而更小。千万不要为了孩子忍着等到孩子考上大学再分开，而每天相互看对方不顺眼，这样对孩子的影响才是更大的。

所以，如果真正为了孩子好，家长要想办法改善自己的夫妻关系，家长变了，孩子也就变了。

第三，家族因素

代际创伤带给孩子的影响也是非常重要的一部分。一个家族里有抑郁的这种模式或是家族曾经发生过一些事，这些事情产生的负面影响向下传递影响整个家族的数代人，这个就是代际创伤。

代际创伤需要找专业的家庭教育指导师进行疗愈。有很多人来找我做个案，不但解决了自己的问题、家庭的问题、孩子的问题，而且学习以后，自己也成了一名家庭教育指导师。

学校因素

▌ 第一，老师的问题

有些孩子在学校里面学习不好，一些老师对他可能会是一种嫌弃的态度，所以他每天在学校里收到的讯息就是老师都不喜欢他，甚至有些是歧视、打压、体罚。

▌ 第二，同学的问题

在学校里面，被同学欺负、霸凌、孤立，也会使孩子不愿意去上学。

▌ 第三，学校的氛围问题

一些孩子一进入学校，就觉得特别难受，就会产生烦躁的情绪，变得精神低迷，所以他就不愿意去上学。你问他原因，他也说不上来为什么，只是说不喜欢，比如不喜欢某个同学、不喜欢某个老师，或者饭不好吃，或者其他什么原因。

其实，这些孩子比较敏感，他们能够感受到学校的氛围，如果学校的氛围有问题，他们就会被这种氛围影响，心情变得很糟。出于自我保护的本能，这些孩子就不愿意去上学了。

社会因素

学校的一些政策和考情的变化，以及社会上一些人传递的"学习无用论"等言论，也会对孩子产生一些影响。

大部分孩子不去上学、抑郁等问题，都是受孩子的个人因素、家庭因素、学校因素、社会因素这四种因素的影响。

孩子出问题还有一种原因，来自家族中曾经发生过的一些事情，例如父母有堕胎夭折的孩子，家族中有人被家族遗忘、刻意排斥，这些从表面上看似乎与孩子的学习无关，但是从家族隐形能量上，会给家庭成员特别是最小的孩子带来负面影响。

作为家庭教育指导师，要想解决孩子的问题，需要结合这几个因素综合考虑，找准原因，然后对症下药，才能真正帮助孩子解决问题，脱离困境。

授课、疗愈是需要有很强的
底层逻辑来支撑的，
家庭教育指导师的自我成长
非常重要。

"

家庭教育指导师如何应对"难搞"的客户和个案？

赵婉新

西塔家排创始人
西塔心理创始人
创办婉若新生身心成长平台

家庭教育这方面，我们通常会认为"难搞"的是孩子。我的经验告诉大家，其实很多时候"难搞"的是家长等成年人，尤其是那些自认为什么都懂的人。那么，要想搞定这些"难搞"的客户和个案，家庭教育指导师应该怎么做呢？

要学会自我成长

例如，我在直播连麦回答大家的问题时，遇到过一个案例。

老师，我有一个问题：我的学员到后来不知道为什么非常容易和我发生冲突。比如，之前特别信任我、喜欢我的学员，会因为我在他朋友圈发了句评论，就抨击我；也有学员在咨询以外的时间，或者在我的课程结束后来问我一些问题，他们会因为我没有做出特别详尽的回答，而对我有情绪。

很奇怪，好像那些跟我联系密切的学员，反倒一个一个都离开了。现在，我的一些学员自己出来做家庭教育指导师了，好像他们现在比我做得还好，超过我了；也有些人没有做这一行。但是不知道为什么，彼此的关系慢慢就淡了。是不是他们跟我时间长了，觉得我不过如此？还是其他什么原因？我很苦恼。

面对这个问题，家庭教育指导师应该怎么做呢？

▌ 第一，要具备自省能力

家庭教育指导师首先要具有自省能力、学习能力和自我迭代的能力。假如一个学员这样，你可以理解为他是个没长大的"孩子"，他对你有投射；如果多个学员都出现了类似的情况，就说明我们自身有问题，还存在需要疗愈和成长的空间。

▌ 第二，不要和对方争执

你是老师，他是学生，就像孩子和大人争对错一样，你跟他说这样他偏要那样的时候，你就把自己放到了和他一样的位置上、一样的身份上，他当然要跟你争了。你要做的是去看见他这个部分，先去接受他的观点，虽然我们内心知道并不是这样，但是不需要跟对方对抗，或者说"你是这样想的，我知道了"就可以了，而不是在当下去说服对方。

▌ 第三，"术"能化解冲突

"术"即方法、谋略，抑或是技巧。面对这种情况，我认为"术"可以化解矛盾冲突的爆发点，但又并不能解决实际问题。真正问题还是出在自身，因为你的内心也有孩子的一面，也需要被疗愈，因此学员们对抗的不是站在讲台上给他们讲课的你，而是你内在的那个"孩子"。

我有相处很多年的学员，现在和我是很好的朋友，例如，他们某一天不用来上我的课了，我就和他们一起出去上其他老师的课，最后我们就成了非常好的朋友。因此，术好学，道难求，终归是要多学一点。授课、疗愈是需要有很强的底层逻辑来支撑的，家庭教育指导师的自我成长非常重要。

不能产生拯救情结

我们再来看一个案例：

> 老师，我遇到了个案的问题，客户有精神分裂的症状。他家里只支持他进医院吃药，他想从源头做疗愈，但是家里不支持。他家人看了我们的一些聊天记录，觉得我是骗子，但他自己是相信我的。
>
> 因为他的这种精神状态，导致家人不支持他继续做疗愈，他的家人删掉了我的联系方式，他自己又偷偷加回来。现状就是他的家人不让他继续做疗愈，他自己每天偷偷跟

我联系，然后问我怎么办。

　　他现在很痛苦，每天那些思维在头脑里面，从早到晚都让我给他提供解决方案。这种其实已经是非常严重的情况，我是不是应该拒绝？又该怎样去跟这样比较严重的个案沟通？

　　我曾一再强调，如果你没有从事十年以上心理咨询的经验，我不建议去接精神类疾病的个案，如果对方还有重病，情况会非常复杂。

　　那么，遇到这样的个案，该怎么办呢？

▌　第一，收费

　　西塔疗愈很神奇，疗愈师是源头、是管道，我们认为我们可以做很多事。不过，你要明白管道虽然是很重要的呈现，但不能忽略我们所在的环境和系统因素。一旦收费，就达成了契约，你就提供了商业服务，就要负责任，要符合商业规则以及法律，这和线上同学之间的练习不一样。

▌　第二，怎样接这样的个案

　　像这样的个案，我给学生的建议就是不要接。这样的个案我也做，但是我有一个要求，那就是必须有亲人陪着案主一起来。他的亲人愿意来，说明他的亲人对他的疗愈变好是有期待的，是愿意去尝试更多的可能性的，即使他们对这方面不懂。例如，妻子有问题，我会建议丈夫陪着来；孩子有问题，妈妈带着来；妈妈有问题，孩子陪着来；等等。一定要有清醒的亲人陪伴。

▌ 第三，盲目自信是很危险的

做咨询这件事，本身也具有一定的风险。大家刚开始从事这个行业，就像刚学会开车，盲目自信，在非高速路上开到时速一百二十公里，想想是不是很可怕？因此这种个案，即便当事人双方都有意愿，但是家人不支持，那你想怎么办？你要拯救他吗？当一个疗愈师产生拯救情结的时候，就会变得很危险，因为你把自己当成了神。

▌ 第四，学会转介绍、拒绝

如果案主在你这里疗愈了两年，花了钱，没有变好，反而更糟糕，那么他的家人认为你是个骗子，不是很正常吗？因此，我们不要觉得自己无所不能，不要有拯救情结，当我们没有能力去解决问题的时候，要果断地用伤害最小的方式去转介绍、拒绝，这对彼此都是最为合理的应对方案。

必须了解的从业证书

如果你只有心理咨询师基础培训合格证，没有学别的，就没有办法做心理咨询师。当年我拿到二级心理咨询师的证书时，我认为我还是做不了心理咨询师，因此又把NLP所有的系列都学了。我一直推动我的学员们尽量去考现在能考的心理咨询师的证书，现在我们平台也能报考中科院的心理咨询师，我认为有这个也可以。

想要从事心理方面工作的朋友，国内心理咨询合法的从业证书包括精神科医师执照，心理治疗师初级或中级证书，人社部二、三级心理咨询师证书，心理学硕士学位证书，以及海外心理咨询师执照、社工师证书等。

▋ 精神科医师执照

精神科医生主要在综合医院精神科或精神病专科医院执业，既可以做药物治疗，也可以做心理治疗。目前在行业中，大多数的精神科医生以药物治疗为主，有少部分会结合心理治疗，但是精神科医生中接受过心理学专业训练的少之又少，更别说个人体验和督导了。

也有很少部分精神科医生像施琪嘉、曾奇峰、仇剑崟，心理治疗的能力也很强，基本上是国内顶尖水平。

精神科医师执照比较难考，需要有医学的专业背景，大专及以上的学历。大专毕业之后，可以先考执业医师助理，在医院工作满两年之后可以考执业医师。持有执业医师执照，可在医院等医疗机构开展药物治疗、心理治疗。

▋ 心理治疗师初级或中级证书

很多医院的精神科或心理科，有心理治疗师。心理治疗师在医院属于医技。心理治疗师证书是由人社部和卫健委联合颁发的。

需要注意的是，根据《中华人民共和国精神卫生法》，心理治疗师并没有处方权，心理量表、心理咨询以及心理治疗的处方必须有医师执照的精神科医生才能开出。

持有心理治疗师证书，可在医院、诊所等医疗机构开展心理治疗。就业可以关注精神卫生中心、精神病医院心理门诊或住院部的招聘通知。如果在非医疗机构，只能进行心理咨询。考证需要心理学或医学的专业背景，同时需要在医疗机构就业的社保流水。

人社部二、三级心理咨询师证书

2017 年，人社部取消了二、三级心理咨询师证书。这本来是资格证书，代表有执业的合法资格。但有资格，并不代表有能力。现在市场上，持有二、三级心理咨询师的水平很有可能一般，不过这却是从业的"敲门砖"。

心理学硕士学位证书

例如，北京师范大学心理学硕士的培养，注重理论结合实践，尤其是每个学生在校与真实来访者的工作，基本上毕业之后就可以具备一定的心理咨询能力。如果非科班出身，可以考虑读在职心理学硕士。

海外心理咨询师执照

每个国家取得咨询师执照的要求不一样，甚至美国不同的州，要求也不一样。大体要求如下：

1. 完成心理专业硕士或博士学位；

2. 需要完成在督导监督之下的临床工作小时数；

3. 通过执照考试。

海外的考证和国内有些不同。2017 年以前，国内的做法很简单，能拿到二、三级证书，再接受很多培训，就可以了。而国外临床的工作、心理的培训达到了一定的要求，才有资格考证。这就意味着国内很多人有证，但没有咨询能力；而国外有证，就代表了咨询的资格和能力。

▌社工师证书

社会工作师指从事社会工作的群体，在残联、社区帮助个人或机构。社工师证书是人社部颁发的从业资格证书，报名门槛不高，报名费几十元钱，最多上百元，这个证书含金量不是很高，但是合法。

所以，当你遇到"难搞"的客户和个案时，先搞清楚是你自己的问题，还是个案本就是你搞不定的。如果问题出在你自己身上，那就去学习，自我成长之后，客户自然不再"难搞"；如果个案本就超出了你的能力范围，比如精神分裂患者，那就先不要接这种个案或者转介绍出去，等自己的经验积累足够后，再尝试去接这种个案。另外，多考几个证书，来提升自己的从业资格。

祈愿有志之士，
走进传统文化，弘扬传统文化，
成为可亲可敬的人，
成为人们的"灵魂导师"。

"

传统文化赋予家庭教育指导师的九个智慧锦囊

焦仕香

圣仁教育创始人
中华优秀传统文化导师
北京良乡文化艺术培训学校校长

我从开始学习传统文化，到运用传统文化的智慧，解决家庭问题，做家庭教育工作，一路走来，已有二十多年的时间。我所涉猎的领域，包括夫妻关系、亲子教育，以及个人的学习、工作、生活等诸多方面，其间做了很多个案，有很多人都从中受益。

在这些个案中，每一个都有智慧的流淌，我从中总结了一些可供家庭教育指导师使用的方法，这些方法运用起来简便、高效，我把它们称为"智慧锦囊"。

第一个锦囊：正

张莹是我身边的一位老师，我们是在一起学习传统文化时认识的，已经相识六年了。六年的时间里，我亲眼看到了她个人以及家庭的转变，感触很深。

第一次见面的时候，张莹给我的印象就是"一个愁苦的人"。有一次夏令营活动结束的时候，有三个孩子留了下来，其中一个就是张莹老师的孩子。

当时我还不认识张莹，我带班的老师讲，请这三位孩子的家长过来。家长们过来之后，我一一指正了孩子们存在的问题。张莹跟我讲了她的故事，以及存在的疑惑。张莹说：

这次的夏令营活动，是我第一次参加，也是最受益的一次，是我真正正视自己的开始。在此之前，关于家庭教育方面，我觉得自己已经做得很好了：我自己带孩子，同时我还学习传统文化。

孩子参加夏令营，应该是六岁的时候，我自认为我带得很好，该教给她的都教给她了。但是直到我参加老师的夏令营，我才发现，我认为很好的孩子，真的是有很大的问题。这些问题的根源不在孩子身上，而在我自己身上。我也是第一次停下来，正视自己。过去我总认为我有学历，还学习了传统文化，所以我是最有教育资格的。而且我还是她妈妈，我手把手带着她，别人没有任何话语权，包括家里人也是一样，他们说的话我是听不进去的。

当我参加了老师的夏令营之后，我才发现，我认为很完美的一个孩子，其实存在很多问题。而这些问题从妈妈的角度去看，是看不到的。老师又一一指出来，我才发现，原来我这么多年给予孩子的，其实有很多负面的东西。意识到这一点之后，我才真正静下来"寻找"自己。这对我来说，是人生中一个特别大的转折。我终于找到了一个可信赖的好老师。我很安心地把孩子交给老师，老师把我的问题一个个都摆出来了。我很认真地跟着老师去分析，我们解决了发现的所有问题，真的受益良多。

为什么张莹要这么讲呢？我来给大家进行具体分析。她的女儿叫彩妍，彩妍有什么问题呢？为什么她一下子就吸引了我的注意，还要把她的家长请过来？

这是因为，在夏令营的活动中，她听课的时候明显没有"神"，注意力很不集中。俗话说，人有三宝：精、气、神。她的神是不足的，眼睛是迷惑的，都睁不开。是什么原因呢？孩子的心思有问题了。

就像张莹说的那样，张莹从小就教孩子读传统文化的书，但是又不加选择。这导致彩妍读书读得太多、太杂，这是一个很大的问题。《弟子规》中说"非圣书，屏勿视。蔽聪明，坏心志"，彩妍正中了《弟子规》里的这一条。彩妍识字非常早，三岁就可以自主阅读一些简单的儿童读物了。所以，从三岁到六岁，她基本上天天都在看书。看的书太多了，其中一定包含了"非圣书"。

既然做了家庭教育指导师，就要针对一些家庭的错误进行指正。我不仅告诉张莹，孩子读书要正，家庭方方面面都要正；我也再次强调了《弟子规》中的训示"非圣书，屏勿视。蔽聪明，坏心志"，所以不适合孩子的教育方式，教育孩子时都要抛弃。

一个家庭一定要为"正"而生活，为"正"而处理关系，为"正"而教育子女，为"正"而经营家庭，一切的一切，都围绕着"正"展开。

我作为家庭教育指导师，来到你家，以我的言行和真心，传给你这个家庭一个"正"字。

第二个锦囊：孝

我们还要继续分析：为什么张莹认为彩妍不错呢？张莹认为自己教育孩子，已经比别人强很多了。她让孩子读了很多书，怎么还出那么多问题呢？

其实，除了"正"方面出现问题以外，还有张莹自己说的个人问题，也就是"孝"的问题。倒不是她不孝顺，只是她没有完全理解"孝"的意义。

如果我们的眼睛看到了，察觉到了孩子没有"精神"，甚至精气神都不足，仔细查一查，父母一定"孝道有亏"，问题一定出现在爸爸妈妈身上。孝道有亏，就会导致很多问题出现。家族这棵大树的根若想强壮，则需要肥沃土壤的滋养，而"孝道"则是滋养家族之树的土壤。作为家长，只有以身垂范地孝敬长辈，为子女树立榜样，自己的孩子才能精气神十足，上课专心听讲，各方面素质都不错。

作为家庭教育指导师，我要带着你的家庭走上人生的"大孝至孝"之道。拥有了"正"和"孝"这两个锦囊，便可以在一定程度上让家庭成员佩服你。接下来，你再说什么他们都能接受，都能向好的方向做出改变。

第三个锦囊：信

"改过自新"这一点，又说明了什么呢？那就是第三个锦囊——信。只有在"正"和"孝"的基础上，才能产生"信"。"信"即"信任"，是人与人交往的前提。比如张莹，她跟着我学习这么多年了，一个"信"字，把我俩之间诸多隔阂都消除了，这么多年我俩就像一个人一样。

人由三个部分组成：性、心、身。性，就是秉性、习性，这自然是有好有坏的，而不好的习性，我们一定要剔除。心，有真有假。比如《弟子规》中说"或饮食，或坐走。长者先，幼者后"，这是为人子弟自然的、本分的事情。这种态度的背后，是不是真心的呢？以及我们在生活中见到的他人的一些举动，又是否发自内心呢？这便需要我们在实际情况中加以甄别。

"身"是做什么的呢？我们的身体是用来孝敬父母的，是尽孝、尽悌的，是服务他人、奉献国家、奉献社会的，这是我们身体真正应该发挥的作用。如果我们整天沉浸于个人享受，吃喝玩乐，花天酒地，那"身"就该坏了。因为"身"没有做服务于他人的事，它正常的作用，你没让它发挥，你让它做了不应该做的，它自然就坏了。

一个人的这三个组成部分，一定要认识清楚。我们作为家庭教育指导师，与大家交流的时候，这三个方面一定要讲透。

第四个锦囊：服

经常有人对我说："我真服你了！一个普通的老师，怎么能够把我们一家人都讲得很通达呢？"因为每个人的性、心、身都是不一样的。真在哪儿？假在哪儿？秉性是表现在着急上火，还是在生气？这又不一样。把他们一家人的性、心、身讲透，是一件特别不容易的事情。

《三字经》里说"玉不琢，不成器；人不学，不知义"，《弟子规》里说"父母呼，应勿缓。父母命，行勿懒。父母教，须敬听。父母责，须顺承"，《朱子治家格言》里说"黎明即起，洒扫庭除，要内外整洁；既昏便息，关锁门户，必亲自检点"。

古代圣贤先哲们，给我们提供了很好的榜样，提出了各种细致入微的要求。但很长一段时间内，大家都不重视传统文化的学习，从某种程度上来说，传统文化的传承一度"中断"。而现在的很多家庭，包括很多孩子，都出现了晚睡晚起、熬夜的情形，甚至有些中学生和职业学校的学生都有通宵玩游戏的现象，而且这种趋势还越来越严重。这些小事伤身、伤心，不光伤自己的身心，还伤父母的心。"身有伤，贻亲忧。"

在饮食起居、待人处世、经营家庭、教育子女的智慧传承上，都要从优秀的传统文化中找到解决的办法。我们的生活，要牢牢地依靠在传统文化上。

第五个锦囊：智

传统文化中蕴含了很多智慧，能帮我们解决家庭各方面的问题。不管是健康的问题，还是养育儿女的问题，都可以从中找到"良方妙药"。随便拿出一部经典，读上半个小时，就会找到你想要的答案。比如，我们读一下《大学》的开篇：

> 大学之道，在明明德，在亲民，在止于至善。知止而后有定，定而后能静，静而后能安，安而后能虑，虑而后能得。物有本末，事有终始，知所先后，则近道矣。

当人们听到、看到、读到这段话时，就会感觉心安定了下来，内心的疑惑和不解瞬间得到了答案。家庭的一切问题，到了经典面前，就不叫问题了。"智"，就是经典的能量，经典的字字句句，都是智慧。让你的问题就像小河流水，哗啦啦就解决了。

长期以来，传统的婚姻观念"门当户对"一直被认为是扼杀跨越阶级阶层、跨越家族门户的真挚爱情之罪魁祸首，所以备受诟病。不过随着时代的发展，人们也在不断思考这个婚姻观念里的现实合理性，因为婚姻的结合，不仅仅是男女双方的情感相投，还要考虑双方的家庭，以及其他各个方面的匹配度。我所说的"匹配"，是指两家能量的匹配，两个家庭的方方面面，都是能量的体现。这就是传统文化的大智慧。

再说"五伦关系"：父慈子孝、兄友弟恭、夫义妇顺、朋实友信、君仁臣忠。这五条"大道"都是天地之道、自然之道。古圣先贤的经典之作，给我们做了一个关于天地之道的描述，值得我们认真研究和学习。

婆媳之间、夫妻之间、亲子之间，每一种关系都很重要。在学习传统文化之前，张莹的家庭关系都没有处理好，为什么没有处理好呢？是因为她没有明白处理家庭关系的原则。也就是《礼记·学记》里所说的"玉不琢，不成器；人不学，不知道"，美玉不经过雕琢，不会成为有用的器物；人不经过刻苦学习，就不会懂得为人处世的道理。张莹是一个特殊的例子吗？不是。太多的人、太多的家庭没有经营好夫妻关系，都是因为没有学习传统文化的智慧，这些经典、这些智慧就是给我们赋能的。

"学习"这件事，对于我们个人、家庭、社会都是一件大事。当你耳朵听着、眼睛看着的同时，内心就会有一种冲动在涌现：我一定要学习传统文化。

我们再来具体看看张莹的情况。她的家庭关系，过去就是一团乱麻。张莹自己身体特别不好，经常生病，也很烦恼，总感觉人生没有目标。虽然也有吃喝玩乐的娱乐活动，但还是经常自卑、生气、委屈，有各种负面情绪。她跟妈妈的关系也不好，不理解妈妈，认为妈妈在管控自己，认为妈妈在设计自己的人生，怎样都逃不出妈妈设计好的人生。因为觉得自己的人生很苦，有很多烦恼。

再反观现在。张莹后来开始学习传统文化，几年下来，变化巨大。张莹现在的家庭是什么样子呢？先说"孝"这条道，张莹有四位老人，父亲、母亲、公公、婆婆。她的亲生父亲在张莹还没结婚的时候就去世了，现在的父亲是妈妈后来找的老伴儿。张莹对这四位老人非常好，公公婆婆对现在的张莹也很满意。

再说张莹的女儿彩妍。彩妍现在成了张莹的骄傲，她是一位天才少女。这个小姑娘灵透、智慧，没有被一些不良风气污染，是一个纯净、纯善、乐观、阳光开朗、人见人爱的好孩子。小姑娘十二岁的时候就已经自己做饭，还在农场里干活，不管是学校的学习，还是平时经典读物的学习，都很主动，应该给这个小姑娘点个赞。

最后来看张莹的丈夫。他过去老觉得工作不好，也挣不了多少钱，很烦恼，喜欢抱怨。现在呢，他已经被提拔为小班组长。他的职位调整了，薪资提高了，人际关系也处理得很好，格局也打开了，整个人的状态焕然一新。

这都是张莹一家学习传统文化的结果，他们得到了智慧，得到了能量，这一家发生了翻天覆地的变化。

第六个锦囊：真

　　我曾经和张莹一起去了她的老家陕西咸阳看望她的婆婆。这位老人家过去身体不好，我们一直在想见面会是一种什么情形。可我俩一推门，她婆婆出现了。

　　老人很有精神，说话铿锵有力，表达也特别清晰，已经不是过去那个病恹恹、软弱无力的老人。我们一起谈了一个多小时，我跟她聊了张莹、彩妍的变化，以及张莹家里方方面面的变化。我们推心置腹地进行了交流，老人很高兴。我跟老人家说："您现在最放不下的就是您儿子，也就是张莹的丈夫、彩妍的爸爸。不过，您放心，您现在可以放心地把儿子交给我。我带他一起学习传统文化。我从事传播传统文化工作这么多年，帮助过无数个家庭去改善他们的关系，去影响他们的人生。张莹和彩妍身上的变化，就是非常好的证明。"

　　她的婆婆在我们谈话接近尾声的时候扭头离开了。干什么去了呢？她不假犹豫，直接递给我一沓钱，对我说："焦老师，我改变不了张莹，我也教育不了彩妍和我的儿子，您把他们教育好了，这钱是我的心意，您一定要收下。"

　　八十岁的老人，说的都是真心话，感恩的话。我对她说："老妈妈，这钱我不要，我来看您，您还给我机会表达我对您的孝心孝意。"老妈妈是一个实在人，她给的钱我虽然没收，但是她给出的能量是收不回去了，我也送不回去了。

通过张莹的故事，我们又得到了一个字，就是"真"。

张莹跟我一起学习传统文化，不管是面对面交流，还是线上交流，我们都是真心的，至真至诚，所以我们又总结了一个字，叫"真"。老妈妈手捧着那一沓钱，就是真心的。她的做法，就来自真心，以真心换真心，以真心动真心。所以，不管我们出生在什么样的家庭、什么样的环境，都要给予别人真言、真行、真爱，那就真的没问题。可谓是一真一切真。这个"真"字就是一切。天下所有的家庭，所有的人，都是可以教育的。"真"字是我们本来的生命，我们就应该把这个"真"字奉献给人们。

第七个锦囊：明

我们继续往下走，前面的几个字都已经做到了，前后贯通起来，你会感觉特别有底气，特别有力量。不过，你还要有方法，需要有一位引导你、教育你、帮助你的人。或者换一种说法：是谁教育你，是谁给你做家庭教育指导师！

你要有一个"明"。明，就是光明，就是明确，就是明辨。明，还有一个含义，就是目标明确。"明"这个锦囊非常重要，它意味着我们要观念一致、愿力一致、行动一致。只要这样做了，接下来的问题，就好解决了。

张莹找到我，她的目标很明确，就是希望改善家庭关系，希望教育好自己的女儿，这一家五口现在就要依靠我这位老师。讲到这里，我自己感觉"明"还有一层意义，就是"明师"。"明师"就是贤明的老师。黄金易得，明师难求。我们家庭教育指导师，要立志成为明师，成为迷茫者人生道路上的明灯。

第八个锦囊：超

现在张莹的进步非常快。我们学校叫"北京圣仁教育"，学校有线上和线下教育平台，也有无公害的农场。张莹不仅自己学习，还能够带领团队一起学习。大家对她的评价也很高，她从过去一个经常感到烦恼、痛苦、忧愁的女人，到现在已经转变为一个非常优秀的领导者。张莹的经历，又给我们提供了一个锦囊，就是"超"。

"超"是什么意思呢？就是心怀苍生，大爱无疆。古今中外很多古圣先贤，都给我们做出了很好的示范。他们不为自己，而是为他人，全心全意为人民服务，这就是"超"。张莹是这样的人，她带领团队，她每天的生活什么样？快乐、阳光，还有不生气、不生病。而且，我们的团队也不生病、不生气、不犯错，我把它们戏称为"三不主义"。

张莹向我们展示的，是太多人向往的状态。但是张莹又以她自己的经历告诉大家，做到这些一点儿也不难，而且还特别开心。张莹无数次跟我们讲她的故事，她愿意以自己的故事，来验证传统文化的价值所在。

第九个锦囊：志

说完了"超"，我们再来看最后一个锦囊——志。王阳明说过，"志不立，天下无可成之事"。孩子们还小，越小越要立大志。少年贵在养志。人之有志，如树之有根。青少年的教育，小学生、初中生、高中生都应该在师长的带领下立下读书之志、报国之志，这才是人生之道。这个志，不是可立可不立的，而是非立不可的。读了张莹的故事，我相信会有利于你立志。所有的事情都是因志而得、因志而行，因志而轻松自在。这个"志"字，每一位家庭教育指导师都应该谨记于心。

你说这是不是妙计？是不是锦囊？我相信，有了这些锦囊，广大的家庭教育指导师，都能够进一步提升，进一步明白自己所从事的事业的价值和意义。

最后，祈愿有志之士，走进传统文化，弘扬传统文化，成为可亲可敬的人，成为人们的"灵魂导师"。这就是我们的责任，也是我们的使命。

第三章

**打造 IP，放大
影响力**

定位定江山，
定位是一切战略的起点。

"

如何为家庭教育指导师做定位和产品设计？

创客匠人老蒋

创客匠人创始人 & CEO
连续创业者
深耕知识付费行业 10 年，孵化出数千位年入
百万的知识 IP

定位定江山，定位是一切战略的起点。现在大多数老师所遇到的有关课程问题、流量问题、变现问题，90%以上根源在于定位不清晰。

精准定位，打出差异化标签

关于定位，创客有一个超级好用的定位公式：我能帮助××人群，解决××问题，让×××（指呈现的美好状态）=A+B+C……+N（产品A+产品B+……+产品N）。

这个定位公式的底层逻辑，来自管理学大师彼得·德鲁克的"企业社会职能原理"，即一个企业为了解决某个社会问题而存在，解决的社会问题越大，企业价值越高；反之，如果这个社会问题消失了，这个企业也就没有存在价值了。

家庭教育指导师和知识IP也是如此，其存在的价值就是解决家庭领域的一些问题，比如家庭关系问题、孩子自闭问题等。

讲到定位，我印象比较深刻的是汇爱家感育平台的创始人谭军老师。

我们与谭军老师深入沟通后，发现她拥有一套独创的感育系统，专门为家庭教育及家庭建设提供底层解决方案，并且在线下做了十一年，很受学员的欢迎。

这是谭军老师一个非常重要的核心优势，我们就围绕这个优势给她做定位。首先，我们将谭军老师的受众定位为中国万千家庭的父母。然后，我们发现谭军老师最擅长的是解决孩子和家长的学习力和幸福感的问题，更多的是从一个孩子成长或者一个家庭幸福的底层逻辑角度去解决这些问题。最终，我们帮她做的定位叫作"助力万千家庭，让每个人在学习、工作和生活中都能充满活力和幸福感，尊重个体差异，相信生命美好，用爱铸就未来"。

确定好定位之后，我们结合谭军老师独特的感育技术，立刻打出了差异化标签。其中的核心点，就是挖掘出当下整个社会面临的一个共性问题，即家长和孩子缺乏学习力、缺乏信服力的痛点。

2024 年 1 月，在我们的陪跑孵化下，谭军老师做了首轮发售，达到一百万左右的发售额。

搭建产品体系的金字塔模型

定位清晰后，接下来就是产品体系搭建。

要解决孩子幸福力、学习力的问题，可能有一万种方法，谭军老师用的是什么方法呢？这就需要推出她的整个产品体系。

在给谭军老师设计产品的时候，创客有一套完整的产品矩阵倒金字塔模型——引流品、爆品、变现品、渠道品、形象品，整体设计得非常细致。

那么，引流品、爆品、变现品、渠道品和形象品分别是什么呢？

引流品

每个平台都需要一些低价的引流品，其价格一般在0～9.9元之间。

很多家庭教育指导师为了做流量，通常会跟别人连麦或者到线下做一场公益课，在连麦或者公益课之后，就需要一款好的引流品，把用户沉淀到我们的微信里来。所以引流品的目的很清晰，就是为了更高效地获取私域流量。

爆品

爆品的第一个逻辑是好卖。

第二个逻辑叫好转。它是一个行走的 IP，会源源不断地给你带来新的客户资源，会给你转后端的高客单产品。

第三个逻辑叫好交付。所谓好交付，就是一款产品具备可以批量交付的特征。一对一咨询就属于不好交付的产品，因为它很难批量复制。

用这三个逻辑做好爆品之后，我们会在这一点上先击穿，再去做其他产品。也就是所谓的单点击穿。

这个环节很重要，就像刚开始做知识付费平台的时候，你的势能能不能在短时间内拿到结果，就决定了很多 IP 的信心，决定他的心力能不能继续做下去，所以我们需要一款能快速击穿的爆品，树立信心，建立势能。

爆品的定价一般是 199 ～ 999 元，365 元、399 元的定价比较大众化。

我们帮谭军老师设计的爆品是一款大众比较关注的产品——以"为了孩子好，父母点点通"为主题的爆款课。这个爆款课覆盖学龄前、小学、初中、高中四个不同的阶段中每个父母遇到不同问题的解决思路，然后以直播的形式来呈现，总共 36 个课时，收费 520 元 / 年，预售价格 366 元 / 年。这款爆款课一经上线就得到了家长的好评。

变现品

相对于爆品来说，变现品的价格会高一些，像专栏、线下课、咨询，其实都是变现品。

变现品包括三个维度，即流量、销售、交付。其中交付其实就是产品端。产品端要多元化，因为我们要解决用户的痛点，或者说解决用户的问题，这可能需要一个链路去做，而我们所有的变现品其实就在链路里面。

从企业经营内容的角度来说，首先我们需要围绕用户的痛点，推出更多的产品，多方位去解决用户的痛点；从企业发展的角度来说，我们需要去赚钱。这是变现品的概念。

在帮谭军老师设计了爆款课之后，我们又帮她设计了一个高级会员叫 SVIP，包括各种专栏体系，以及谭军老师本身在线下擅长做的感育家长的课程，这些都属于变现品。

渠道品

渠道品其实是很多人特别容易忽略的一个问题，家庭教育指导师尤其容易忽略。

现在是一个酒香也怕巷子深的时代，所以我们需要通过设计我们的产品，把一些对我们认可的铁杆粉丝变成我们的合伙人或者渠道商。现在家庭教育有一个很有意思的模型，叫作"学习 + 创业 + 导师"。

于是，我们又以"幸福自己、达及他人、成为榜样、传播感育、传播爱"为核心出发点，帮谭军老师顺势推出了一个感育合伙人体系。

在未来的渠道，每一个跟谭军老师学习的人，不仅能把自己的孩子教育好，还有可能像谭军老师一样成为一名家庭教育指导师，未来能够指导其他的孩子。这是很多人跟着谭军老师学习的一个很重要的目标。

渠道品其实解决了一个最重要的问题，就是把客户经营成你的合伙人，这是未来所有教育平台都需要思考的一个问题。

如果把客户经营成消费者，你就会很累，因为你可能要接触一些负向磁场的抱怨。

如果把客户经营成合伙人，他就会跟你共创未来，努力帮你推广，所以你的路会越来越宽。

形象品

形象品，也叫高端品或者段位品。形象品用价格来衡量，代表了老师的锚定价格。所谓锚定价格，就是单个客户最多能为这个老师付多少钱。

有形象品的话，就会在无形中提升这个老师的形象。比如我们帮谭军老师设计的一个 29.9 万元的"家庭教育建设全方案——生命传承、家族千秋"等高端形象品，以此来提升谭军老师的整个形象或者段位，拉升势能。

那么，对于家庭教育指导师来说，是不是要一步到位，做出所有的产品呢？从长远角度来说，这个产品体系肯定是要完善的，但是在起步的时候可以先做一款爆品，后面再慢慢完善。

最容易踩的坑和痛点

对于很多家庭教育指导师来说，在定位和产品设计上最容易踩的坑，就是围绕着自己的课程原地转圈，例如，"我能讲什么""我会讲什么"，缺乏以终为始的思维。所以很多课程的逻辑很难自洽，没有为解决用户的痛点而服务，完全是为了做产品而做产品，缺乏目标感，要么是从市面上复制过来的，要么是用自己想象的来做的。

在此送给那些想要踏上家庭教育赛道的老师一句话：做好定位和产品设计，首先要以终为始，以客户的需求为核心来倒推自己的产品；从产品的角度来讲的话，就是要多层次地去思考自己的产品构建。

最后，希望家庭教育指导师都思考一个问题：是否有思考过每一年为我们付费的这些客户购买的到底是什么？

其实，人人都应该有自己的 IP，
尤其是作为一个家庭教育指导师，
更需要打造个人 IP。

"

家庭教育指导师如何从 0 到 1 打造个人 IP ？

赵婉新

西塔家排创始人
西塔心理创始人
创办婉若新生身心成长平台

作为一名家庭教育指导师，想要让更多的人知道你、了解你、喜欢你，并且购买你的产品和服务，继而帮助你传播给更多的人，你就需要知道如何从 0 到 1 打造个人 IP。

什么是个人 IP？

所谓个人 IP，可以理解为留给别人的整体印象，包含你从事的行业、核心技能、个人信誉、性格特点、外貌风格、外界评价等。这几年，互联网也将个人 IP 称作个人品牌。

那么，你有 IP 吗？你的 IP 是什么呢？

其实，人人都应该有自己的 IP，尤其是作为一个家庭教育指导师，更需要打造个人 IP。

如何从 0 到 1 打造个人 IP？

打造 IP 的首要条件是清晰自己的定位。

　　定位是什么？作为一名家庭教育指导师，你可能了解很多领域，比如亲子关系、亲密关系、婆媳关系、多孩家庭、原生家庭、跨代、教养、情绪管理……这些都是我们认为自己能做及想做的事。

　　但是，你到底要讲什么？你能做什么？首先，你要有一个框架，知道自己会什么、擅长什么，这是做 IP 的前提。知道自己擅长什么后，就可以系统地规划自己的人生线路图，这就有了一个框架思维。然后在框架之上定位，在定位之上看优势。

　　我们很多的优势其实是来自我们的成长经历。

　　假如你经历过抑郁，那么你会更懂那些抑郁的人，你会更容易感同身受，跟那些抑郁的人共情；假如你曾经是一个"学渣"的妈妈，那么你可能就会对"孩子不上学"的个案驾轻就熟、信手拈来；假如你经历过情感上的背叛，那么也许你会在婚姻、爱情、亲密关系领域有所成就……我们的真实经历，是我们最好的资源，因为你曾经刻骨铭心地痛苦过，继而将这些痛苦在你的内在转化、升华，成了你现在家庭教育工作的助力和优势。

　　因此，你可以好好地用更加系统、有逻辑的方式为自己绘制一张人生履历图，从中去发现你的资源。

定位四法

　　第一，从心出发。心是我们做所有事的原点，心是我们创造人生的起源。你带着什么样的信念，就会创造什么样的结果。你成为什么样的人，都和你的发心有关，跟你的初心有关，跟你的原点有关。所以做个人 IP 的第一步是感受你的心，从心出发。

你现在做的事，是你想做的吗？是你渴望做的吗？是你热爱的吗？只有热爱、内在有足够的渴望，你才有内驱力。

你不妨用以下七个问题来问问自己：

1. 想要成为什么样的人？

如果你只是为了世界和平、为了让人类生活更美好而完全不谈利益，那么你的事业也不会持久。你可能在做，但实际上是在消耗自己，而不是滋养自己。你需要问问自己，理想的人生状态是什么样子的？从现在到八十岁，你的家庭是什么样子的？你的财富状况是怎样的？你的人际关系是什么样子的？你在什么样的城市生活？你想让自己有什么样的爱好？你的圈子是怎样的？……

2. 在这个想象的人生状态当中，你每天会做什么？

在理想的生活状态里，你会做些什么？是每天工作、学习、锻炼身体，还是四处旅行，或者每天躺着晒太阳？你每一个热情所在，都有你内在力量的资源。

3. 别人最愿意肯定你的成绩是什么？

没有人能离开关系而单独存在，他人都是我们的镜子。想一想在你的人际圈子中，别人最愿意肯定你的成绩是什么，这也许就是你的优势所在。

4. 什么是你从小到大自发、自愿去做的事情？

我从小就喜欢关注人、体会人，或者心里偷偷地观察人，想到别人的时候都是细节、表情、动作带给我的感觉，过去不知道，现在回忆起来是这样的。那么，你从小到大，自发、自愿去做的事是什么呢？仔细想一想，这些事情里也许就蕴藏着你的天赋和内驱力！

5. 什么是你花了最多时间去坚持做的事情？

我在过去的十五年里，大部分的时间都在学心理学，从事与心理学相关的工作。你从小到大花了最多的时间坚持去做的事情是什么？你为何如此坚持？这件事会给你带来什么感觉和收获？想一想，也许你能从中找到自己擅长的。

6. 如果这件事暂时不赚钱，你还愿意做吗？

我最初学心理学的时候，在同济大学做了三年公益咨询，然后持续参加公益沙龙活动，乐此不疲。后来好不容易收钱了，挂靠在一个心理咨询室，我拿 30%，咨询室拿 70%，赚了 150 元，我感觉很开心，不是因为我赚了多少钱，而是因为有人为我的价值买单。

7. 如果这件事是你需要花钱做的，你愿意吗？

当我们遇到抉择时，如何衡定这件事是否值得去做？那就是你愿意为此花钱！当自己愿意花大钱去做某件事的时候，心里已经对此事按下"确认键"，自己是心甘情愿的，且有着"必胜"目标，如此也就有了更高的成功概率。

例如，想要成为一名更专业、优秀的家庭教育指导师，需要投入更多的时间、精力和金钱去学习。用学到的知识反过来支持你的事业，如此往复，不断地为自己增值。

回答完以上七个问题，你内心会有一份答案，这个答案就是你对于现在想做的事的内在动力。

第二，以终为始。 心是"点"，以终为始是"线"，把时间线拉长，在这条线上去找你想要做的事。

什么是你擅长的？什么是适合你的？你要以人的角度去丈量，走出你的蓝图。

有太多人不知道自己想要什么，这世界上清醒的人不多，不只是现在，自古以来就是这样。该自己主动思考、自己去做决定的，就得自己去做，而不是去依赖他人。你需要调动自己的主观能动性。

如果你暂时不知道自己想要什么，那你至少知道自己不想要什么。可以想一想，未来一年内甚至未来五年内，你不想要什么。你可以列一个清单，通常我们是很容易找到自己不想要的。

接着，将这个时间线延长，延长到你六十岁，什么是你不能丢掉的？六十岁了，你都没有把它丢掉，那一定是你的目标，一定是你想要的。

比如，当你纠结一份工作做还是不做，选这个还是选那个的时候，静下来想一想，在这份工作里面什么是你不想要的，最后留下来的就是你的目标，就是你想要的。

第三，看到自己的多样性。 如果心是"点"，以终为始是"线"，那么看到自己的多样性就是"面"。

每个人都是多面的，你需要看到自己的多样性。你的个人特质、专业、个性、兴趣，都是你定位的重要组成部分，可以成就独一无二的你。

第四，不断迭代进化。有句话是这样说的："一个人活成一支队伍。"我们要成为一个自主进化的系统，把自己当作一个系统、公司去运营，不断地迭代，然后进化。

如果你是一个系统，你可能在某些方面看上去不那么擅长，但是你有人生经验、专业和综合能力，那你呈现出来的 IP 就是综合的。

▍定位的两个心法

第一，凡是你做起来很费劲的事，就是你不擅长的事。别人做饭可能随便弄弄就很好吃，你用心准备食材，视频研究了八百遍，最后做出来的成品却不怎么样，那也许你真不适合当厨师或美食博主。

所以，如果你做起来很费劲的事，也许就不适合你，最起码现在还不是时候，没到时候就先别做，别勉强自己。

第二，与价值观一致的人为伍。与价值观一致的人为伍，同频共振，互相增值；与价值观有差异的人为友、为师，互为镜子，互为督导；而对于价值观相反的人，务必远离，和这样的人在一起，他只会消耗你。

▌ 定位的三大原则

少就是多。今天研究亲子关系，明天研究夫妻关系，后天又开始琢磨财富了，大后天又去讲运营……在入行初期，建议大家遵循"少就是多"的原则，找到你的专业，从你的纵深点去做精、做专，别让自己胡乱忙碌，这样很容易生出浮躁心理。

慢就是快。疗愈师的行业太急是做不好的，慢慢来会更快。最高明的捷径就是没有捷径，拙便是巧，舍亦是得！当你积累得足够、内在力量足够的时候，你的智慧会自然生发，你的能力会自然而然被激发。

后发先至。后发先至的前提是先打造自己的底盘。你得先有一个纵深的基本能力。

你的专业度、基本功是需要脚踏实地干出来的，是需要时间去积累和沉淀的。后发，是触发你去练习的那些新东西，只要我们始终坚持不放弃，加上十年、二十年的经验，你就会自然而然地成为一个领域的专家。

所以，只要你把底盘打稳、基本功练扎实，不管遇到什么新事物，你都可以很快学会，很容易一下子就把它用出来，这就是后发先至。

打造个人 IP 的三个维度

打造个人 IP 有三个维度。

第一，你的身份是什么

你的原生家庭以及过往经历都构成了你的个人 IP。

有人经历了若干次情感背叛，变成了婚恋专家；有人经历了财富的跌落，变成了财富导师；有人经历了孩子厌学，或一些人生重大的创痛，成了一个家庭疗愈导师……无论你是一个妈妈、老板，还是一个失败多次的创业者……这些都是你的个人 IP。所以，你不用成为别人，你的经历就是你的 IP。

第二，你能给别人提供什么样的价值和服务

你能够给别人提供什么样的价值和服务？对方因为你而获得什么收益，同时你还能够获得回报？

第三，你希望用什么媒介传播自己的价值，你希望吸引他人和你建立怎样的连接

如果你想做自媒体，就要把自己这方面的一些特质挖掘并展现出来。比如，我从小就擅长演讲，是一个特别会讲故事的人，这就是我的特色和价值。

你的个性特质是怎样的？你最能让人记住的记忆符号是什么？你只需要发挥自己的特质，去把特别容易让人记住的点，放大、加强。这很重要！

作为一个家庭教育指导师，倘若你按照上面所讲的方法、原则和维度去做，就能打造好你的个人 IP；个人 IP 打造好了，你就能被更多人知道、喜欢，你也就能帮助到更多的人。

新时代的家庭教育指导师，
新时代的心理工作者，
要做到线上和线下并重，
两个渠道同时去做。

"

家庭教育指导师怎样平衡自己的线上课和线下课？

赵婉新

西塔家排创始人
西塔心理创始人
创办婉若新生身心成长平台

现在是做心理咨询、教育工作的最好环境，因为在线上学习已经成为人们的一种常态，大家习惯用网络学习，习惯做咨询。如果你想搞线下咨询或教育，必须有咨询室、工作室；如果没有，就需要去租赁，成本相对较高。所以，在设计课程时，可以先从直播开始。

课程设计先从直播开始

做好直播的第一步，是学会如何开展直播，然后才是线上授课和线下授课。线下授课最初必须是沙龙，然后慢慢增加到半天、一天、两天。我建议大家先从比较持续的、长期的直播做起。

设计课程时，一定要先从直播开始，直播内容最好是你最熟悉的内容。如果你在直播的时候还拿着一本书，效果肯定不会太好。直播需要脱稿，我在直播前，通常都会提前写好大纲，这些大纲都是我内在的修为，是我要讲的一些主线。

你在直播时，必须要有自己的内容，因为直播经常要跟网友互动，要开放连麦，而且你不知道网友会问什么问题。因此，你一开始必须讲自己熟悉的内容，并且把它讲好、讲精、讲透。网上资料特别多，查阅资料的过程，就是你学习和整合的过程，准备直播的过程，就是一个学习的过程。你讲一遍下来，自己也学得差不多了。

一开始先讲自己熟悉的内容，讲自己最有把握的内容，你的自信就能慢慢地建立起来。然后那些听你讲课的人、听你分享的人，也会觉得你讲得很好，会给你正面的反馈。

沙龙讲什么？当然也是讲你直播的内容，直播的内容你讲过多次，线下就可以增加更多的互动了，比如互动练习、别人的分享等。因此，你要先讲，然后去做练习，设计几个练习，和大家互动，听听大家的问题，这就是一个比较完整的沙龙了。

如果你想设计一个课程，首先你自己得懂，同时受众需要你的课程，这样的课程才能成功。有些人就说"我懂"，这个课程很好，但是没人需要也不行。那么，你怎么知道别人需要什么呢？你参加沙龙的时候不就能感受到了吗？你做直播的时候不就能采集到了吗？用这样的方式去设计课程，你就能获得成功。

当然，设计课程是一门单独的技术。有些导师班有专业的课程设计，几天的课都是在学习设计课程。从设计引流课到设计沙龙，再到设计一天的课、两天的课、三天的课……

这是一个完整的线下课设计体系。

线上与线下并重

新时代的家庭教育指导师，新时代的心理工作者，要做到线上和线下并重，两个渠道同时去做。线上课在我们最初讲公益课时，不要讲得太专业，除非是付费课程，然后再去讲专业的内容。如果是面对大众讲引流课，你就不能讲得太专业，否则大众很可能听不懂，太专业的东西大部分人是听不懂的。

因为现在互联网的流量模式，人们对线上课有很多的选择，而且这个选择是快速的。比如，受众在某个直播间或视频上可能停留一两秒就滑走了，也可能因为感兴趣而看完。你怎样让受众停留在你的直播间呢？至少你讲的东西不能像教导主任训话，虽然你说的是对的，但人家不爱听就不适合。因此，课程设计上要花点心思，要把内容做得更有故事性、更有亲和力。

线下和线上不一样，大家在线下听课的成本和线上浏览手机付出的成本是不一样的。我们做咨询，叫作"状态调控"，就是当一个人的状态在那里了，你去传播一些内容的时候，他更容易接受。受众没有在这个状态里面，他们是根本听不进去的。他们愿意来到线下，哪怕同一个城市，他们也需要离开家，需要开车或乘车，甚至走路来到你的工作室，这对于他们来说，付出的时间、精力和成本都比网上随意地浏览手机付出的成本要大很多，这些成本会让他们来到现场时，有更大的投入度。

当他们的投入度更大的时候，也就意味着他们会更认真地听你讲什么，你就更有机会把你的学问系统地传输给他们，他们认可你的概率也会更大。因此，线上课可以作为一个让受众对你产生兴趣的突破口。

线下课需要有场地。我作为一个从业十五年的心理咨询师，前一半的时间都没有自己的工作室，更没有自己的教室。我想讲课就要去外面租场地，那个时候没有互联网直播，我就去学校里面讲。租借场地的成本是比较高的，而线上几乎没有成本，因此我建议大家先从线上直播开始，多播、持之以恒地播，不要怕人少，刚开始三五个人也要播，时间长了，经验就有了，能力也增强了，情感也变得更好了，你的影响力也就慢慢变大了。

因此，一开始不要着急做线下，先从直播做起，能做短视频就做短视频，有场地的话就利用起来同时做线下，两者是不冲突的。即使是开线下课，也得有人认可你，认可你的人从哪里来？是你在线上积累的，然后是建群、建私域。

跟随有结果的人

家庭教育指导师这条路有没有捷径可走？我认为做任何

事都没有捷径可走，如果说有捷径的话，那就是跟随一位有结果的老师，老师知道怎么让你少走甚至不走弯路。老师有自己的经验，知道怎么走这条路是更快的，知道在走这条路的过程中会遇到什么样的障碍，从而避免让你遇到同样的障碍，或者教你在遇到这个障碍时怎么轻松地跨过去。有些该走的路你必须得走，走过才能获得经验。

例如，我现在就在做这样的事情，在培养专业的疗愈师。我有一个两年的专业疗愈师培养计划，包括从"小白"开始培养你，为你打造个案，针对不同时期为你定制你需要的个案。我每半年会为你做一份个案，两年做四份个案，都是私人定制。然后我会为大家选择好的课程，这些课程都是有逻辑性的，一个台阶一个台阶往上走，能帮个体迅速积累能力。

我在直播时，经常有人问我："我学了很多老师的课，家里一大堆证书，但是我好像都不怎么会用，更不会讲，为什么我学了这么多却不会做？"是的，市面上有很多课程，比如两天的工作坊、三天的公益课、二十一天的线上训练营，乍一看好像很有价值，但所讲的东西都在很浅的层面上。

如果你想成为专家，是需要走纵深路线的，不然你了解的都是肤浅的东西。我能帮你选择好的课程，在这个过程当中，还会帮你清理你潜意识的创伤卡点，教你如何做直播，带你做直播，我播你看，然后你播我再看。

这些都是我走过的路，当年我学了很多，比如家庭教育、亲密关系、情绪压力、高效沟通、催眠等，但是我不知道我该讲什么。我学了这么多，我到底该先把哪个拿出来展现？哪个会是我自己的爆款？

实际上要选择自己的核心课程。首先，我会协助你去打磨你的课程，找到最适合你的课程。在我的课程里，我会给你提供机会去讲，在我的大课里面，我会带着你上台，你有过上台的感觉，下次再去讲就会有很大的突破了。

有很多人之所以卡住，是因为不敢讲，卡了很多年，我带着你把这些卡点都突破了，不只是在疗愈中突破，更是在行动中突破。行动治愈一切，我研究下来不只是学习，不只是疗愈，还要行动。有老师带着，大家的胆子才会更大，才会更有信心。我把你"扶上马"，再送你一程，这样两年下来，无论是上讲台还是做直播，你都能应付自如。

接下来便是多练，这是我认为见效最快的，因为我在这两年之内都是你的督导，是你的老师，我会在专业方面给你支持，在符合你需求和特点的前提下去做这件事，这是我现在正在做的事。

我相信，按照上面的方法平衡自己的线上课和线下课，你就能设计好自己的课程。你的课程设计得好，自然就能吸引更多的人来上你的课。

做营销选题是提升 IP 输出能力
最快的一种方式。

"

家庭教育指导师如何营销推广自己？

赵婉新

西塔家排创始人
西塔心理创始人
创办婉若新生身心成长平台

　　作为一名家庭教育指导师，除了要有专业扎实的基本功和丰富的知识储备以外，我们还需要懂得如何推广和传播自己。因为我们服务的对象是"人"，那么吸引更多的"人"成为我们的服务对象，也成了我们工作的一部分。

　　我是一名家庭教育行业的导师，但我在学习家庭教育最初的几年几乎是不讲课的。当时我做得更多的，是一对一咨询，但我发现我的个案并不多。直到我开始参加沙龙、接触工作坊，我的个案才逐渐多起来。因此我发现，作为一名家庭教育指导师和一个 IP，我们是需要去营销自己的。

　　你需要让更多的人知道你懂什么，你会做什么，你能帮助别人什么，你可以给他人提供什么价值，你有什么成果……

　　作为家庭教育指导师，我们的产品就是我们内在的东西，我们的理念系统、知识体系、助人技巧……都需要用语言等方式去表达。我们的价值观、个性、人格魅力、感染力，都需要通过语言等方式让更多人看见。只有在你表达之后，人们才会有被你感染、与你共鸣、被你吸引的机会。所以，从某种意义上来说，语言就是我们的武器。当然，有很多优秀的家庭教育指导师，有一套符合自己的更好的表达方式，但终归是首先要表达自己，营销自己。

尤其是在网络发达的现在，很多人在线上学习已经成为一种常态，我们有很多的机会去表达和传播自己。

在十几年前，短视频和直播行业还没这么发达的时候，我就开始用 QQ、视频、录音等方式做线上分享。在微信刚出现的时候，我又开始建微信群，在群内做六十秒语音分享。如今，我们可以用直播、短视频等更丰富的方式表达自己，我们的受众面也发生了量级变化。科技在不断地进步，沟通、分享的方式也在不断地迭代，但不管时代如何变化，技术永远都能为我们的内核服务。

当下整个大环境比较适合做心理、教育行业。过去，我们做咨询，首先需要一个线下咨询室，如果没有，可能还需要去租借一个，这个成本是相对较高的。现在，利用网络，我们可以随时随地做线上个案。如果我们有课程，也可以同时做线上线下课，既扩展了受众面，又节省了成本。

因此，在这样一个时代，在这样的网络环境中，非常建议大家去建立一个能够表达自己、营销自己的通道，而直播就是一个特别好的通道，我非常推荐大家持续、长期地做直播。

为什么要做直播？

每一个家庭教育指导师，除了要掌握疗愈知识和技术，还需要有终身成长的能力。除了书本知识，我们更需要去了解书本之外的知识，亲子关系、亲密关系、人际交往、原生家庭、自我成长、情绪管理、事业财富……我们的知识涉猎了"人"的方方面面、家庭的方方面面，我们的知识系统是非常广泛而庞大的。

你也许会比你的案主更了解他自己，你也许会比你的受众更了解他们所遇到的问题，而他们也需要从你这里获得更多的帮助或科普。如此说来，你不就是一个非常好的"知识博主"吗？

我们国家的心理学环境，尤其是家庭教育方面，还处在相对初期的发展阶段。受到困扰的人越来越多，心理健康服务需求在不断扩大，但知识却非常缺乏。作为家庭教育指导师，我们也有一份社会责任，去做更多的知识科普，让更多的人了解心理学，指导更多的人从自己的困境中走出来。

直播也在不断发展，从最开始单纯地你分享给别人看，到现在可以连麦互动，人与人之间的交流，已经可以忽略物理距离。

在我的直播间，我就设置了连麦自由提问的互动环节，也许短短几分钟、几句话，就可以解决一个人困惑已久的问题。

很多时候，我可以直接在我的直播间连麦做个案呈现，短短的十几二十分钟，甚至几分钟，我就可以帮助我的案主厘清并解决卡点。一场直播下来，我甚至能完成十几二十个个案，这在过往是无法想象的。

如何做直播？

作为知识博主，做直播不能像其他博主那样随意，我们需要对我们的直播内容做精心的规划。因为我们分享的是知识，我们需要对我们所学的知识心存尊重。而且未经精心梳理的知识，也许就无法吸引到你的受众群体。

那我们该如何做一场优质的直播呢？不妨从以下几点开始：

第一，整理出你的直播主题

直播是一个系统工程。每次直播前，我都会花时间认真地梳理我的直播主题和内容，因为这是我们直播时需要围绕的核心。

你可以做单场直播，也可以做系列直播。

单场直播建议只围绕一个主题展开，这样有利于你和你的受众更深入地探讨、交流。

系列直播可以围绕一个核心，展开多个主题。比如"原生家庭的四种创伤"，我会从亲子关系、亲密关系、自我关系、金钱关系角度展开，每个角度都可以做一场或多场直播。

同时，你也可以针对你的受众，专门开设系列直播课。比如我针对我的 VIP 受众，专门开设了一门《如何从"小白"成为专业的冥想疗愈师》的主题直播课，我会从介绍冥想、内在力量创伤修复、原生家庭与亲密关系、能量升级与情绪调整、丰盛显化及身心平衡、专业疗愈师成长方向六个角度展开二十个主题的直播课。针对我的 SVIP 受众，我专门开设了一门叫《幸福人生五要素》的系列直播课，分别从家庭教育、情绪管理、女性觉醒、情感关系、职业发展五个角度，展开二十四个主题的直播课。

做营销选题是提升 IP 输出能力最快的一种方式。选题之初，你可以整理出所在领域用户最关心的三十个话题，构建自己的营销选题知识库，这有利于你梳理出你的用户最关心的是什么。如果你所有直播的内容都围绕用户关心的话题，自然就会抓住用户的心，与用户心交心。

针对营销选题，我们有以下四大原则：

1. **基本常识**。你可以列出自己所在领域的十个基本常识。千万不要认为常识不重要，大多数"小白"用户其实最关注的就是常识。

2. **客户痛点**。列出你的受众客户的十大核心痛点，客户的核心痛点才是我们最关心的话题。

3. **满足好奇心**。"自律学霸的家长具备哪些特质"这样的主题你不好奇吗？猎奇心理是一种普遍的受众心理，我们可以适当利用这种猎奇心理满足受众的好奇心。

4. 利他主义。"我是一名家庭教育指导师，我一定要告诉你这个行业的十件事。"我们站在受众的角度，讲他们所想要的，自然就会抓住用户的"胃口"。

总之，IP 脑子里得有货，持续输入才会有持续的输出，这是 IP 核心的竞争力之一。

直播主题可以吸引和保持观众的注意力，增加黏性。直播主题直接关系到直播内容的吸引力和观众的参与程度。一个好的直播主题能够引起用户的情感共鸣，激发他们的兴趣，让他们愿意花时间观看和参与。所以，如果你正在考虑开始做直播，首先要认真对待你的直播主题。

当然，关于选题，我建议从自己熟悉的领域开始，你可以去阅读更多的书，上一些课，或在网络上查找一些资料来丰富自己的知识体系。你的每一次直播，都是一次学习的机会，也是对你的知识体系进行整合的过程。最好的学习就是输出，所以直播也是一个很好的学习过程。

第二，设计你的直播脚本

每次开播前，我都会很仔细地思考我的直播逻辑、节奏安排和互动方式。这是有方法的，需要设计如何开场、如何介绍自己、如何引入话题、如何与粉丝互动、如何结束等。总之，你需要有一条很清晰的直播思路。

在我的直播间，通常的安排是"自我介绍—干货分享—

连麦互动—疗愈冥想"，整个流程都会围绕我直播的核心主题。在有主题的情况下，粉丝在直播间的提问一般也会在你的主题范畴之内，你是可以掌控你的节奏和内容的。

此外，作为家庭教育赛道的博主，如果你开放连麦和互动环节，那么必然会有很多人问你问题。所以，建议你的直播内容控制在自己的知识体系范围内，如此，你在回答各种问题时才能游刃有余。

第三，安排直播助理

在条件允许的情况下，你需要安排一个直播助理。助理的工作首先是跟播，负责配合你直播过程中的场控、评论区的维护管理、派发福袋等。如果你需要挂车卖产品，那么助理还需要配合你上产品链接、管理客服咨询等。

在此，我说的是刚入行的直播"小白"们。而那些有经验的大主播，他们有一套更好的方法，关于这些，网络上有大量的教学课程和视频，我不再赘述。

第四，打造你的直播团队

除了单打独斗，你也可以去搭建属于自己的直播团队。

我的签约疗愈师和签约导师，都可以是我直播团队中的一员，他们可以在我的平台讲他们擅长的内容，也可以一起参与我的直播，或者在他们自己的平台直播，如此就成了一个直播联盟、矩阵系统。

这里我所说的并非市面上的那些"视频矩阵玩法"，而是一群人为了同一个目标共同努力。一个团队做事，会形成团队效应，比起单打独斗，团队的力量能更好地支持大家向前走。从 0 到 1 的过程是艰难的，但是有团队，大家互相支持，就可以少走很多弯路。

如何建立直播的自信心？

▎ 首先，自信心来自不断的肯定

你在不断的行动中，会获取很多反馈。如果你的输出被别人肯定，那么说明你的分享确实帮到了他人，这都是对你的正向反馈。你收获的正向反馈越多，你就会越来越有自信，如此就会形成一个良性的循环。

因此，你的自信一定是来自行动，因为行动而得到了肯定，然后不断地行动，不断得到肯定，你的自信就会逐渐增长。当你有自信的时候，你会愿意去尝试更多新事物，那你就可以尝试分享更多新的内容。

▎ 其次，分享你的真实经历

每个家庭教育指导师，都有过困惑的时刻，在学习过程中逐个击破，进而穿越。我们也曾将所学应用到我们的真实个案中，与案主共鸣过，感同身受。这些过程形成了我们真实的体验，这些体验是无比珍贵的。当你分享的时候，你的知识体系结合你的真实体验，早已在你身上内化、升华，最起码会有一个深层次的理解。因此，在分享你的真实经历时，你的状态是在线的，你会发现你不知不觉就影响了他人。

我有一个学员来学习的时候，她最重要的一个问题就是她女儿叛逆。女儿小时候跟妈妈特别好，但上了初中就不跟妈妈讲话，也不跟妈妈出门了，有时候还会表现出对妈妈的不耐烦。我的学员自尊心很受打击，然后开始跟着我学习，一直到她女儿高中的时候。她反馈说，现在她女儿遇到什么问题都愿意跟她分享，想要听妈妈的一些建议。她对于这个转变非常惊讶，于是将这个经历分享给了别人，许多人都被她的经历所打动。

像这样的妈妈，如果做直播，讲"曾经叛逆的女儿，如今成为自己的好闺蜜"，一定会有人被她的真诚打动。

所以，走心更容易让你获得正向反馈，正向反馈更容易帮助你建立自信。

其实，做直播不难，只要将你直播要讲的内容梳理清楚，设置好大家感兴趣的话题，同时充满信心，就可以做好直播。直播做好了，你就可以更好地推广和传播自己。

想要做好与外部的合作，
首先你要有一定的能力，
与合作伙伴最起码要达到
$1 + 1 = 2$ 或者 $1 + 1 > 2$ 的
效果。

"

怎样做好与外部的合作，将家庭教育事业做起来？

赵婉新

西塔家排创始人
西塔心理创始人
创办婉若新生身心成长平台

经常有学生和朋友问我是怎样把家庭教育事业做起来的，还有人困惑于自己要不要租场地开工作室，该到哪里获客，要不要找合伙人，是否要加盟，找什么机构加盟……

下面，我与大家分享一下我的从业经验和思路。

根据自身情况，做合理的规划

家庭教育指导师自己开办工作室，注册个体户或者公司都可以，经营范围包括教育咨询或家长培训一类的业务。这块业务与K12培训直接面向孩子的业务完全不同，属于政策上支持的，不需要太复杂的手续，相对简单。

但是，我并不建议大家一上来就租办公室，投资注册公司。这种做法属于传统的思路，没有抓住这个行业的本质问题，很容易受挫，坚持不下去，除非你的综合实力很强。

开工作室的场地问题很容易解决，无论是前期临时租借，还是与机构合作，甚至充分利用咖啡馆等公共场所就完全够用了。

另外一个很好的途径就是，咨询一下各个社区的相关政策，有些社区对家庭教育这方面是有需求的，很有可能提供一些免费的办公场所。当然，各地政策不一样，具体问题需要具体分析。

目前家庭教育指导师在市面上的很多广告宣传是很不负责任的，总是不停地告诉大家考完证做咨询，每小时收入100～1000元不等，年薪轻松几十万元。很多人奔着高薪、做咨询工作时间很自由，就盲目去考证。考完证、培训完，觉得压根儿实现不了这种理想的生活，于是觉得这个证书是骗人的，考了没用，等等。

其实家庭教育指导师的未来发展前景还是很好的，拿到资格证书是行业的敲门砖。这个行业本身的收入空间，也是非常可观的。薪资高低，不同的收入级别有不同的做法，对个人的综合能力、资源匹配要求是完全不一样的。

但是，家庭教育事业不是一个一上来就能快速赚大钱的行业，营收方面需要一定的积累和沉淀才能慢慢突破。但这份事业却是一个价值感很强的行业，你很容易在这个过程中获得成长，并因为帮助他人获得很大的幸福感，属于能获取巨大精神财富的行业。因此，大家在做这个行业的时候，一定要根据自己的实际情况和资源，做出合理的规划。

工作室成立初期，不要对盈利有太多期望，更不要想着一上来就能盈利。你最好要有一笔比较不错的主营收入，或一定的可支配资金，保证工作室在半年内是否盈利对你没有任何影响。最好的做法就是不要一上来就着急租场地，特别是一线城市，房租很贵，成本高，刚开始不赚钱你会很容易焦虑，因为着急赚回房租而背离了做教育的初心。

我们可以先把家庭教育做成补充项目或者副业兼职形式，尽量多找一些实践机会，边实践边学习，多做公益，多积累自己的基础种子客户。用这种思路去做，你的心态就会保持得很好，反而更容易做起来。

目前，对于家庭教育行业，虽然家长们的需求还是很迫切的，但暂时还没完全养成大面积付费咨询或者主动付费学习的习惯，市场是需要进一步挖掘的。倘若没有前期的积累铺垫，便很难收到很好的效果。时机成熟了，再去落地专属办公场地，是风险最小的做法。

如何才能达成精神和物质的双重丰收？

▌ 第一，先想办法解决获客难题

你必须先积累一定的种子客户，才有可能逐步实现盈利。种子客户怎么获取最好呢？其实公益活动和讲座是最好的获客方式。根据《中华人民共和国家庭教育促进法》的精神，幼儿园、学校、社区、企业等对家庭教育活动都是有需求的，从业者完全可以与一些机构去合作，提供公益的讲座或活动。

通过这样的过程，不断提升自己的能力，并积累初始的种子客户。

很多人觉得这件事很难，不知道怎么入手，实际上完全没有大家想得那么复杂，尤其是你自己本身是家长的话，这个事情是很容易实现的。有孩子的家长们都知道，几乎所有学校都会组织一些家庭教育相关的活动，非常喜欢招募家长去做一些分享，你可以主动联系老师，告诉老师自己有专业的家庭教育指导师证书，很愿意帮学校做一些分享。一旦你讲得很不错，或者分享的内容很精彩，一定能收获第一批基础种子客户。

当然，每个人的资源不同，获客的方式有很多，采取的方式也不一样，但多做公益活动是最好的途径。我从 2010 年开始在上海的一些中学讲公益课，最初也是从朋友孩子的学校讲起，慢慢有更多学校请我去讲，逐渐有些家长开始请我去他的企业里讲，积累了一批种子客户，有些人至今还在找我做咨询和陆续来上我的课。

想要做好这份事业，你要先有奉献精神，先去帮助别人，这个过程不但可以不断提升自己的专业能力和实践能力，还可以吸引到越来越多认可你的基础种子客户。

第二，学会打造自己的特色个人品牌

家庭教育涉及的范围很广，选择自己擅长的细分领域，打造自己的个人特色和品牌非常重要。我有一位学生，她有三个孩子，一直都是自己带，这就是她身上很独特的点。我建议她把自己带孩子的经验，整合家庭教育理念，同样讲家庭教育，她从多子女家庭切入，结合隔代抚养、夫妻共养、孩子多且年龄差距小等方面去分析，是非常容易让大家记忆深刻的。

▌ 第三，搭建好完整的商业闭环

设计好自己的产品体系以及成交流程，形成一个完整的商业闭环是很重要的，常见的产品盈利方向主要有以下几个方面。

1. **家长课程或训练营**。开发设计自己的课程，或者做一些家长训练营，是比较常见的收入模式，线上线下都可以，最好可以互相结合。如果你自己开发设计不了，选择一些成熟产品合作代理也可以，找专业老师合作一起研发课程，最好找自己比较喜欢认可的老师，在这个方面你们有共同的知识体系，更容易合作成功。

2. **一对一的咨询服务**。针对个体家长提供咨询服务，解决家长的教育难题，主要看个人品牌打造是否成功，或者借助平台的力量，入驻一些相关平台。

3. **机构、企业等培训**。不只是幼儿园、学校，很多社区或者企业，比如银行、金融理财机构，甚至一些企业，对家庭教育都有一定的需求。商业机构购买相关培训服务一般是为了服务自己的客户，还有些企事业单位购买相关服务培训，是为了给员工发福利。但需要根据你个人的资源情况去洽谈、挖掘和协商。这块业务起步比较难，但一旦你找到突破口，在业内有了一定的影响力，后面基本就是坐等各种合作机会主动上门找你了。

以上就是做家庭教育工作室能盈利的最核心的三个点。

怎样才能做好与外部的合作？

想要做好与外部的合作，首先你要有一定的能力，与合作伙伴最起码要达到 $1+1=2$ 或者 $1+1>2$ 的效果。如果你反而成为别人的累赘，人家与你合作之后的效果，反倒不如自己单干，那肯定是不行的。

因此，要想做好与外部的合作，先要学会自我成长，要有自己的一些特点；假如你什么都没有，那就要先学一些东西。

第一，找合作伙伴自己做平台

找合作伙伴之前，你要明确自己寻求哪种合作。如果你想自己开工作室，自己做平台，那就要找同道中人，我认为同学是特别理想的人选。

自己做平台或工作室，可以先成立一个小工作室。为什么说同学通常会比较合适呢？因为大家有共同学习的经历，有一些共同的技术，在做这件事情上面，有共同的价值观。

你们在学习过程中会有相对深一点的了解，这是一个很重要的前提。

寻求合作伙伴的过程中，不要找急于想靠这个行业赚钱的人，这会让你们的合作变得急功近利，因为做家庭教育这件事本身是不能急的。

第二，与成熟的平台合作

我上了非常多的导师班，如果只是学了后不去做的话，就会像学开车一样，开几年和不经常开，是不一样的。因此，当时我加盟了老师旗下的公司。无论是讲课还是去做销售，我都有了非常大的成长。

想想看，如果你做平台或工作室，每天就坐在那儿等着来访者，谁会来找你呢？老师不是坐在那儿就有人来找了，这是需要有商业活动、有销售的。因此，你开工作室，必须有销售，而不是坐在那儿等，你必须想办法。

1. 加盟成熟的平台。最好的办法就是先在一个已经成型的平台上工作，与成熟的平台合作。这样就可以学到很多，会锻炼出很多能力。

当年我也是跟老师做，合作的是李中莹老师的中莹之道上海分公司。这个上海分公司是我与另外的三个同学一起做的，在这个过程当中，我所学到的、所经历的，对于我如今自己做品牌可谓受益终身。

刚开始，我也不懂运营的逻辑，比如我们怎样才能让别人知道我们的课程，让别人买单，这个是需要做大量的工作的。为此我做了很多包括非常多的免费的沙龙、低价的沙龙等方面的基础工作。

因为那时候我们要去销售老师几万元钱的课，那么怎么去销售呢？我就来讲沙龙。我讲沙龙的经历，为我后来讲更多的课打下了坚实的基础。

2. 寻找合伙人。相对而言，我在身边的这些老师和咨询师里面，属于比较会销售的，有销售意识的老师。当然，在刚进入这个行业的时候是没有的，当时我也认为学完了，上了导师班，一下子就能成为导师，人家就来找我上课了。在我加盟导师的公司以后，我发现根本不是这么回事，然后就去学习。这些经历，为如今自己做平台积累了宝贵的经验。

如果自己做的话，你就用视频号、小红书等去做 IP，然后去找合伙人。找合伙人要去靠近有能力的老师，有资历的平台。有培养能力的平台支持，我认为也是一条捷径。

希望我的从业经验和思路，能给大家提供一些方向，帮助朋友们将自己的家庭教育事业做起来。

所谓发售，
就是通过营造大事件，建立势能，
通过势能来进行批量式销售。

"

家庭教育指导师该如何做发售？

创客匠人老蒋

创客匠人创始人 & CEO
连续创业者
深耕知识付费行业 10 年，孵化出数千位年入
百万的知识 IP

所谓发售，就是通过营造大事件，建立势能，通过势能来进行批量式销售。

在创客陪跑体系中，单场百万级发售叫合格的发售，三百万以上单场发售叫大发售，一千万以上单场发售叫超级发售。

在家庭教育行业，我们陪跑过很多百万级的发售，比如，汇爱家谭军老师、爱能圈父母学堂小敏老师等。发售可以协助老师在短时间内拿到结果，快速出圈，拉升势能。

还是拿谭军老师这个案例来讲，在带老师做发售的过程中，创客有一套标准的发售流程。

其中，我们一定要做的工作，首先要评估这个客户是否具备发售的能力。我们有一张评估清单表，会从客户的产品完整度、基础的私域用户、对互联网的网感等角度进行评估。

衡量老师是否可以做发售的核心指标

一个老师能不能做发售，有哪几个核心的衡量指标呢？在创客匠人的评估体系中，有以下几个指标。

第一，老师的发心。这位老师的产品是"割韭菜"的，还是实实在在地解决某一部分特定客户群体的需求？这是我们最先考虑的一个点。

第二，老师的心力和愿力。在一个月或者半个月的发售过程中，我们要去考察老师的心力和愿力，包括配合度等。

做发售的老师，心力一定要足够强大。特别是第一次做发售的老师，肯定会遇到各种各样的困难，比如遇到被封号的情况，这其实是很正常的。遇到这些困难和挫折之后，能不能往前迈一步，想办法解决这些问题，是老师能否成功发售的关键。

第三，从资源的角度来说，现在的发售条件就是客户要有五千个以上的私域好友，或者有两百个线上和线下的付费用户。当然这个不是绝对值，只是做个参考。

第四，很多刚接触线上的老师的网感也是影响发售的因素之一，其很多原有习惯和操作模式跟在做发售的时候可能会有很大的差别。当然这些都是可以通过刻意练习来解决的。

比如有些家庭教育指导师喜欢教育人，在做发售的时候，姿态就要放下来；在请求粉丝帮我们转发的时候，要有个好的态度，包括直播的时候也要符合当下互联网的一些习惯和风格。

第五，老师对陪跑师和发售要有足够的信任。信任是合作的前提，是合作的基础，要以此为本。

发售成功，我们做对了这几点

在给谭军老师做发售的过程中，我们做对了以下几点。

第一，定位设计得特别清晰。在给谭军老师重新梳理定位的时候，大家配合得特别好。

第二，整个发售产品的定价逻辑，我们做得很好。如果要做一个百万的发售，基本上产品定价要在 8000～10000元以上，才有可能实现百万的发售。

我们给谭军老师做初步定位的时候，主发产品是定价8800元的一个感育合伙人，后面再推出一个 19.8 万元的更高级的课程或者线下的课程。

第三，汇爱家这个平台的差异化很好。我们在跟谭军老师沟通的时候，发现她其实浪费了很多线下资源，虽然她已经做了二十多年，却很少加微信，而且在给她做发售的时候梳理出来她微信的客户有几千个，但是很多客户都没聊过天。所以，我们在吸引客户资源、宣传预热工作方面做得很好，将潜在客户进行了二次唤醒。

给发售老师的几点建议

通过帮助谭军老师做发售，我想提两点建议，给其他想做发售的家庭教育指导师作为参考。

第一，要找专业的人做专业的事情。发售的逻辑本身并不复杂，但是懂和不懂是有很大的差别的。

第二，懂得去借势，找第三方机构来督促自己的执行力。

一套完整的发售流程，对整个团队的模型的成长是很重要的。

谭军老师的团队对我们的陪跑师是非常认可的。他们以前线下干了好多年，一场干一百万，他们是没有想过的。

所以谭军老师的整个团队模型在跟着我们做发售的过程中，也得到了很大的成长，看到了更多的可能性。所以，认知很重要。

选择发售团队

那么，作为一个家庭教育指导师，要找人做发售，怎样选择发售团队呢？

第一，不要选有坑位费的发售团队。如果一开始就要你交十万元或者二十万元，这种团队最好谨慎选择、谨慎评估，我觉得这个坑还是要避的。

第二，一上来就要跟你签约一年以上的发售团队，我觉得也需要谨慎评估，有可能你会被这个团队绑定。

我以前就遇到过一个老师，他来跟我们签发售的时候就很谨慎，因为他以前吃过这种亏。

他是做那种民宿和酒店的，他跟某集团下的一家代理公司签了一个两年的拓客协议，对方承诺帮他增加资源，他要分 30% 的利润给对方。

签约之后付给对方十几万元的坑位费，之后对方过来有模有样地做了一个月，那一个月确实增长了一定量的客户，但是一个月之后对方就基本不管了，可 30% 的利润还是要分的。

创客做发售就很人性化，比如我们跟谭军老师签了三个月，三个月结束之后，他们要是觉得我的团队靠谱，可以再签半年或者三个月。

判断发售团队的专业性

那么，该怎么判断一个操盘团队在发售方面的专业性呢？

第一，操盘团队有没有全职的团队。

比如我跟别人合作，基本上要跟有团队的人合作；如果是个体户，我很难跟他达成合作。因为从某种意义上来说，公司越大，抗风险的能力越强。作为用户客户端，我们得到的保障和权益是不一样的。

第二，操盘团队有没有成功的案例。

现在市面上有很多做发售的操盘团队，那么，他们有没有真实地去做那么多发售，或者这些发售是不是真实的，我们要去辨别。

如果对方确实有成功的案例以及庞大的团队，相对来说是比较靠谱的。

未来发售的变化和趋势

那么，未来的发售会有怎样的变化和趋势呢？

我觉得发售是未来的一个主流形式，所有的知识 IP 一定要具备发售的能力，而且未来发售的模型会越来越多。

目前创客总共有八种不同的发售模型，比如考证发售、直播发售、大事件发售、线下会议发售等，未来还会迭代出更多有趣且高效的发售玩法。

至于未来发售的一个重要趋势，我在 2023 年的年会上讲了一个重要的趋势——结合线下做发售，即线上和线下组合起来做发售。因为在线下去做发售，我认为是目前销转率以及客户的满意度最高的。

所以我给各位家庭教育指导师一个建议，有线下基础的，把线下基础的优势无限放大；没有线下基础的，想办法开始布局线下。

哪怕一开始送线下课，比如用户购买一个线上 365 元的课程送两天的线下课。一年卖 2000 ～ 3000 个，把周期拉长一点，年底一次性交付，年底就可以组织一场 200 ～ 300 人的大会。这对客户来说是一种增值服务，对你来说客户可以让你找到一种能力模型。

反过来，你把三百个付了费的用户拉到线下讲两三天，如果还是不能卖出产品的话，那说明你的整个产品逻辑有问题。

最后，我想送给大家一句话：所有高客单的家庭教育指导师，发售是必须面对的事。而作为家庭教育指导师最需要思考的问题是：自己在发售这件事情上还有哪些短板？

希望大家思考一个问题：
我们目前在做 IP 的过程中，
哪些工作是可以通过人工智能
来解决的、来提效的？

"

家庭教育指导师如何拥抱新工具及人工智能新趋势？

创客匠人老蒋

创客匠人创始人 & CEO
连续创业者
深耕知识付费行业 10 年，孵化出数千位年入
百万的知识 IP

为什么要拥抱新工具和人工智能新趋势？

一个家庭教育指导师如果要打造个人 IP，就需要关注新工具和人工智能，因为这些前沿科技给我们带来的巨大效能、效率的提升可以说是指数型的。

举个最简单的例子，比如拍短视频数字人，现在的数字人相对来说比前两年更加逼真。

现在在公域里很多老师都有流量的问题，我经常会问很多 IP 老师，有没有做到日更短视频。如果做到日更短视频，每发一条每天可能就有几百或者几千的曝光量，好一点儿的就可能有一条短视频爆火。

大家都知道短视频获取流量的这种方式很好，但是这里面有一个矛盾点，就是内容的生产和分发是个大问题。很多 IP 不具备上镜和表现的能力，或者没有时间做到实时去拍摄或者每天去拍摄，生产不出来高质量的内容。

近期出现的 Sora[1] 人工智能，利用人工智能核心合成技术，它拍摄得可能比现场拍摄更逼真，其实这些就是我们要去关注的重点工具。比如现在创客在做的"文生文"和"文生图"。

以"文生文"举例，比如解决孩子管理的问题，我们通过"文生文"输入问题，只要问题问得好，它就会有一个体系化的框架的解决方案。这对于老师打磨课程、研磨课件，会有很多的借鉴作用。

再以"文生图"举例，比如做知识店铺，首先要解决的是店铺装修的问题。做发售可能会需要大量的销售图片，那么这就要耗很多设计师的人力，要找到对的设计师，而且要消耗很多时间。

人工智能出现之后，我们通过"文生图"把所需要的产品，比如"'三八'妇女节"主题输进去之后，只要模型建得足够好，它可能会产生上千张图，直接在里面挑选就可以了，这就大幅度提升了做图的效率。

再比如随着 ChatGPT[2] 的发展，AR（增强现实）和 VR（虚拟现实）元宇宙的技术的成本也会呈指数型下降，我们的教

---

[1] 美国人工智能研究公司 OpenAI 发布的人工智能文生视频大模型。

[2] 人工智能技术驱动的自然语言处理工具，能够基于在预训练阶段所见的模式和统计规律，来生成回答，还能根据聊天的上下文进行互动，甚至能完成撰写论文、邮件、代码等任务。

育场景也会发生改变。

所以,大家要去拥抱新工具和人工智能新趋势,或者对新工具和人工智能新趋势抱有一种接受的心态。

创客平台有很多工具的分析,比如直播行为的分析、购买的分析,还有现在比较流行的裂变方式——邀约打榜的这种数据分析。

自动自发平台的创始人黄导就是一位非常善用这些基础工具的老师,而且应用得特别好。比如在开直播的时候,整个销售过程可能只占了发售业绩的40%,那么剩下的业绩从哪里来?从前期的预热动作和后面的追销动作中来。在追销的动作中有很重要的一个过程就是直播的数据分析。

邀约打榜黄导也一直在用,通过激励他的老用户去做邀约、去做打榜,其中就会涉及关系链分层的问题,邀约排行榜会自动生成。

2020年,黄导推出了一个爱心大使方案。爱心大使方案是个什么概念呢?就是把他的学员从单纯的学习者变成合伙人,在变成合伙人的过程中,就一方面带学员学习,一方面带学员赚钱。

在这个过程中,黄导每周会开1～2次直播课,爱心大使进直播间学习时,顺便把直播间转发出去,邀约用户进直播间听课,用户产生购买行为,邀约人就可以直接获得推荐奖励,这个过程就需要工具去做支撑。

需要掌握的基本原则和方法

那么，家庭教育指导师应该怎么去对待这些工具和人工智能，需要知道一些什么样的原则和方法呢？

作为一个家庭教育指导师，要开始拥抱新的工具，但现在市面上的工具太多了，该如何去熟悉呢？其实就是破圈。很多人处的圈子可能不对，所以我们要勇于去尝试，勇于去破圈。

雷军曾说，99% 的问题，都有标准答案，找个懂的人问问。

其实对待新工具和人工智能的使用，也是一样。你所处的圈层就决定了你的认知，是先知先觉还是后知后觉还是不知不觉。

所以，家庭教育指导师需要具备的第一个能力就是破圈的能力。若想了解人工智能，首先要做的是加入相应的圈子，但是类似的圈子特别多，包括课程也很多。

那么可能有人会问，该怎么确保这些圈子和课程不是"割韭菜"的？

其实，没有人可以确保你付出的每一分钱，学到的所有东西都可以产生期待的价值。但是，你要在自己力所能及的范围内去尝试，去探索，去拓展自己的眼界和经验。

假设培养一个孩子从小学到大学要花一百多万元，可是没有哪个老师会向你保证你的孩子一定能考上顶级名校，其中肯定有好的也有差的。但是，我们不能因为这个就否定学习的重要性，说自己被老师"割韭菜"了。

也可能有人会问，如果我愿意被"割韭菜"，但我还没成长到那个阶段，怎么样才能不过度关注新工具和人工智能呢？

答案很简单，以效益、以客户为中心。就是我们做某件事情到底能不能给客户带来价值，这是很重要的。不要为了做而做，不要为了学而学。

拿做图片举例，如果我本身没有发售的场景，那么去学人工智能作图就没有意义。我一定是有了特定的痛点和需求之后，才会对标，那么我出去学习相关课就不会抱有太大的期望值，我就是来提升认知的，我知道有这么回事就行了。

家庭教育指导师未来的生存空间

作为一个家庭教育指导师，未来还有没有生存空间，有没有可能被人工智能替代？

我觉得人工智能替代的不是人，而是一种思维。你不会被人工智能替代，替代你的是使用人工智能的人。

所以这是一个伪命题，科技肯定是要向前发展的。三十年前互联网刚开始发展的时候，很多人都觉得有了互联网很多人会失业，但是互联网发展这么多年之后，人类的财富有了很大的增长。人工智能也是一样，人工智能可以对标三十年前互联网刚开始出现的时候。

有时候一个学员买我们的课程，他其实不是单纯冲着我们的课程来的。我经常说一句话，普通的老师卖的是功能属性，能帮你解决基本问题；高级老师卖的是价值观，卖的是一个老师的成长。

比如我跟着一个老师，我发现老师也在成长，几年之后就会不一样，我可能就会终身追随这位老师。而卖功能属性就是一次性搞定，解决完问题就结束了，卖的是情绪感受。

功能属性和情绪、价值观叠合起来才是一个好老师，这些是人工智能替代不了的。人工智能最多会告诉你几种方法，这正说明家庭教育指导师不会被人工智能替代。

最后，希望大家思考一个问题：我们目前在做 IP 的过程中，哪些工作是可以通过人工智能来解决的、来提效的？

第 四 章

陪伴式教育，给孩子
更好的成长

父母永远是孩子的树根，
这份能量供给是任何咨询师无法
给予的。

"

家庭教育指导师如何帮助父母成为孩子的心灵成长教练？

吴依倬

国家二级心理咨询师
晶石自然疗法疗愈导师
人生蓝图规划师
一榕心灵家园创始人

"吴老师，我被一个问题困扰了很久——我女儿的想法有些偏激，她在家的时候，气氛非常紧张，我都不敢跟她说太多话，就怕刺激到她，我真不知道怎么办才好了……"

隔着电话，我听到颤抖的声音背后，全是这位妈妈对孩子的心疼和无助。

她的女儿是个高中生，刚刚接触我的时候，她一提到女儿就紧张，抑制不住地流泪，慌慌张张不知道怎么办才好，上面那些话，是她当初经常对我说的。

现在的她，满脸笑容，女儿总是缠着她聊到深夜，一起喂鸟，一起逛街……

她告诉过我，她女儿从小学三年级开始，就不脱外套睡觉了，而最近，女儿主动脱外套，并且要跟她一起睡，搂着她聊个不停。

从对生活的无望，几年时间都不脱外套，到可以安心地脱掉外套睡觉，开朗地聊天、生活，热情地投入学习，这个让父母和老师苦苦找寻了七八年的转变，仅仅用了二十多天就发生了。

这二十多天的时间里，我完全没有接触这位妈妈的孩子，只是让她跟着我的课程提升自己。她完全没有想到，在不知不觉中，一切就都变了，她不敢相信，事情竟然就这样发生了。

在孩子的毕业典礼上，她高兴地载歌载舞，这一次她又哭了，哭得比之前更大声，但我相信，她流下的是欣慰的泪水。

即便在今天，这位妈妈也总会跟我说："太感谢依倬老师了，我女儿越来越好了。"

讲述这个案例，是想让大家看到，父母能成为孩子的心灵成长教练，是多么重要。

我之所以将主题聚焦在"家庭教育指导师如何帮助父母成为孩子的心灵成长教练"，而非"家庭教育指导师如何成为孩子的心灵成长教练"，也是想告诉大家，对孩子来说，父母做教练，比其他人做教练的效果更好。

毕竟，父母永远是孩子的树根，这份能量供给是任何咨询师无法给予的。

心灵成长教练这个角色，必然是父母来担任，逃掉了就是遗憾。

那么，在教会父母成为孩子的心灵成长教练的过程中，有哪些关键点呢？

认识孩子，认识自己

这一点，是最重要却最容易被忽略的。它是给出所有问题答案的基础，这部分不透彻，答案便无效。在我的所有课程里，都会把这个内容作为第一课。

天不生无用之人，每个人都是独一无二的，孩子是，父母也是。然而，现实情况是，父母很容易把自己的愿望投射到孩子身上，随心所欲地编写孩子的生活剧本，设定这部连续剧的结局，并把剧本强加给孩子。孩子演不好，父母就纠结、难过、发飙、歇斯底里，却没有停下来想一想，孩子是否真的适合这个角色。

在孩子婴幼儿阶段，父母更多是抚养者的角色，父母给予的照顾、陪伴和爱会是孩子一生的情感基础。随着孩子渐渐长大，父母的角色渐渐转为教练。教练想培养出好的队员，一定得知道这个队员有什么特长，可以发挥什么优势，同时一步一步支持队员，通过行动把理想转变成现实。

我见过很多"虎妈虎爸"苦心经营多年，放弃了自己的爱好、事业，一心扑到孩子身上，想给孩子规划出最好的未来，用尽全力培养孩子，到头来却两败俱伤。

他们不知道，有的"虎妈"能培养出"虎宝"，不是因为"虎妈"的方法有多优秀，而是因为"虎宝"本来就是"虎"。

鹿是不能成为虎的，虎也是不能成为鹿的，鹿有鹿的恬静，虎有虎的霸气。我不忍心想象聪明温驯的梅花鹿被严苛训练成老虎的模样，那也许是最大的悲哀。

让花成花，让树成树，就好。

否则，就可能出现相反的局面——一个本来擅长游泳的运动员，整天因为乒乓球打不好而被责备，走向消沉甚至自暴自弃终局。

可见，对独一无二的生命的全面认知，显得尤为重要。

再看家庭教育，父母总会担心孩子成绩不好就没有好未来，所以会因为考不好而训斥孩子，导致亲子关系紧张，孩子自暴自弃，快乐阈值急速上升，孩子的笑容不见了。

有些父母身为孩子的心灵成长教练，不够了解孩子，没有把孩子看作一个完整的生命，没有发掘孩子的特长优势，反而误把单一的成绩目标当作孩子的目标，把社会考核人才的标准看作衡量孩子的量尺。

作业、特长、辅导、考学一条龙，坚决不能有偏差，高举理想的旗帜，心中充满"我一定要把孩子培养成……""如果……可怎么办""孩子再……可就完了"的焦虑。于是，父母用尽心思，宁可牺牲自己的时间和事业，也要给孩子拼出个"光明未来"。

这样的父母不在少数，十几年以前，我也是这些父母中的一员，我希望把孩子培养成曾国藩一样的人物，像古圣先贤那样立德立言立行。目标确定之后，我对孩子严加管教，上纲上线，对自己的修理更是毫不留情。

可以说，我完整体验过从平和希望到纠结挣扎，再到无力无助的历程，也亲眼看到孩子的眼睛从炯炯有神，到背后藏着丝丝恐惧的变化。在这之后，我用了很长时间才使孩子的眼神重新明亮，对世界充满好奇和渴望。

作为母亲，我知道那份痛有多深，真心希望多一个家庭找回简单的快乐，回到纯粹，给宝贵的时光多一些美好的回忆。

那么，父母应该如何认识自己呢？

▍用心体会自己

自己感兴趣的、心动的、学得很快的、做得好的、一做就有成就感的、一想就开心的、即便没有精力投入依然向往的、在不需要考虑赚钱的情况下最想做的事情，往往是一个人的先天优势所在。

找个独处的时间，准备好一个本子或者几张白纸，一条条写出来，你会收获与自己心灵碰撞合一的惊喜。

当你开始寻找自己的独特之处，你也就真正开始了解，每个人都是独一无二的，你会自然而然多了一份对生命的敬畏和对周围每一个人的尊重。

当你再次面对孩子，也许，你会突然肩膀放松，整个人松了一口气，你对待孩子的方式，也不再是之前的对立和高傲。目光温柔且充满爱意，话语坚定而又慈祥。

你开始接受孩子可以是傲骨的梅花，可以是热情的向日葵，可以是无惧狂风的大树，也可以是春风吹又生的小草……

▎借用工具

中国传统文化里，有很多关于先天特征的解读，心理学上有很多量表可以使用，比如霍兰德测试[1]、MBTI[2]等。

当然，要提醒一点，测试的结果可以作为参考，但不要因为它而限制或者打击自己和他人。

世间最永恒的真理就是变化，用发展的眼光看世界，每个人都是有无限可能的。

父母应该教孩子什么？

认识了孩子和自己之后，父母们需要认真地思考：能教给孩子什么？

如果孩子只有一年的时间，你想教给他什么？如果孩子能活十年，你会教给他什么？如果孩子的生命有八十年，你希望教给他什么？

这几个问题，我向很多父母提出过。大家给出的答案，都是个性化的。大家都知道，当生命历程不一样的时候，所

---

[1]　美国职业指导专家霍兰德（John Holland）根据自身大量的职业咨询经验及其职业类型理论编制的测评工具。

[2]　美国作家伊莎贝尔·布里格斯·迈尔斯和她的母亲共同制定的一种人格类型理论模型。

教的东西是不一样的。

比如，孩子的生命只有一年，"会教孩子健康、快乐、爱……"；孩子生命有十年，"会教孩子生存的能力……"；面对孩子的生命有八十年，父母沉默了，"我无法陪他八十年，我能教他什么？教他热爱这一切，热爱生活，教他成为他自己……"

这几个问题没有标准答案，没有对错。无论你的答案是什么，你都会发现，此刻，你的视野与以前大不一样，心中有一种松开的感觉，仿佛天地都开阔了，就连眼光也温柔了。

所谓"以何眼观世界，就会观到何种世界"，如果父母的心只看到成绩和未来的发展，他们和孩子的世界就无法做到广阔无边。

探索新时代的家庭教育，是需要稳定内核的。认识自己是谁，是关键中的关键。在这个前提下，采取相应的措施，方法就变成有用的了。很多人之所以用了很多方法都不见效，或者效果反复无常，都是源于没有内核。

面对孩子的"问题"，看见自己的人生功课

不善学习的父母，对待孩子的方式，就是自己童年被对待的方式。

拿父母辅导孩子写作业这件事来举例，不同的父母，反应机制很可能是不同的。比如，有的沉着冷静，有的愤怒咆哮。

为什么会出现这么明显的差别呢？

沉着冷静的父母，童年时大概率被父母这样对待过，遇事不慌，尽全力想办法，注意力集中在如何解决问题上。在父母这样的陪伴下长大的孩子，不需要刻意训练，也能情绪稳定，更自信。

愤怒咆哮的父母，大概率是在自己父母的吼叫中长大的，父母把很多情绪投射到孩子身上，孩子被训斥时，本能就是逃离和反抗，根本无法集中精神在作业或者一件事本身。

智慧的父母，会一边学习成长，提升维度，一边通过与孩子的互动，进行自我觉察与反思，疗愈修复自己童年的伤痛。这是孩子给父母送的大礼，别辜负了孩子的美意。

学会提供孩子成长需要的心灵营养

孩子成长过程中，需要五种最重要的心灵营养：安全感、自主感、亲密感、成就感、价值感。

父母肯定无法每分每秒都照顾孩子，总有一天需要孩子自己面对这个世界。给孩子这五种心灵营养，会使孩子终身受益，父母放心生活。

▌ 安全感，最基础、最重要的营养

安全感就像高楼的地基，是最基础、最重要的。安全感建得好，其他几种营养的供给会变得轻松结实，否则即便再努力，也容易毁于一旦。

安全感不足的父母，通常胆子很小，凡事往坏了想，用控制的方式对待孩子和家人。不难想象，每天被笼罩在控制之中的孩子，担心自己做得不好被训斥，担心父母失望，担心没有人爱他了，孩子的安全感慢慢被破坏。

孩子渐渐长大了，虽然身体成熟了，潜意识里这些信念却从未离开，胆小、害怕，做决定犹豫不决……等到自己有孩子了，也用同样的方式，把孩子和爱人牢牢地抓在手里……

就这样，恐惧的接力棒一代又一代地传递下去。直到某一代开始面对成长，恐惧的接力运动才有可能停止。

如果父母能开始觉醒，重新认识自己的童年，修复疗愈自己，用接纳、包容、关怀等充满爱的方式，给孩子足够的信任。那么孩子更容易获得足够的安全感，也更容易变得自信。他们的内心不是充满恐惧，而是充满对世界的好奇和对生活的向往。他们阳光开朗，勇于探索。他们知道，无论如何都是被爱的，哪怕犯错也是成长的好时机……

这样的话，接纳与爱的接力棒，也会一代一代传递下去。

自主感，让孩子更有担当和出息

仔细观察周围的人，就不难发现：

有的人做事积极，有目标，有行动，有自主决定的能力，他们充满干劲，拥有领导能力。

有的人则处处被动，习惯等待，没有担当。连为自己做决定的勇气都没有，他们怎么可能带领他人一起成长呢？

自主感这种营养的来源，其实是安全感。这很容易理解，安全感不足的人，对未知的事情总是充满恐惧，怕弄错，不敢承担，遇到事情就往后退，不愿也不会自主决定。

因此，当父母想要抱怨孩子没出息时，首先应该好好反思一下，自己是否给了孩子有出息的心理营养。

每个人来到这个世界上，都有自己的天赋和使命，本来可以做很多事情，却因为得到的心理营养不足而无法实现，岂不是太可惜？

亲密感，让孩子更加看重自己

还有一些人，经常看轻自己，觉得自己是多余的、可有可无的，这与亲密感不足有关。有的女性，即便结了婚，跟另一半发生身体接触时，还是会感觉不自在，大多也是小的时候亲密感建立不足造成的。

有这种感受的人，多半生活在重男轻女或从小不跟父母在一起生活的环境中。

一般来说，一个家庭中如果多于两个孩子，处于中间的孩子，很容易有这样的感受。

拿有三个孩子的家庭来举例。老大寄托了家庭的希望，在弟弟妹妹面前很有存在感。老三是家中最小的，各个方面被呵护、被照顾，是父母心中的宝。老二呢，说了不算也不被宠爱，从小到大都觉得自己不重要。

我做咨询的过程中，观察了很多家庭，处于中间的孩子，为了得到父母的关注、夸奖和爱，会表现得更听话、更努力、更优秀，甚至出现攀比的情况。

由此，我想告诉父母们，无论工作多忙，都要抽时间主动陪伴孩子。

在孩子小的时候，要多抱抱他们，多和他们聊天，多进行眼神的交流。

孩子长大之后，陪他们聊天依然是要做的事情，抱不动他们，可以拍拍他们的肩膀，或者妈妈可以和女儿手拉手走路。

想要建立亲密感，这些都是简单又有效的方法。

至于成就感和价值感这两种心理营养，涉及孩子对自己的认知，可以引导孩子自己去找答案。告诉他们，找答案的过程就像破案，一定会有新的发现。在前三种心理营养的滋养下，慢慢摸索中，孩子的内心会变得更加丰盈。

任何一个灵魂，需要的都不是被教导，而是需要被认出。一个人能认出自己，就能认出他人，认出生命。此时，尊重和慈悲就会发生。

亲爱的，请活成自己的最高版本！

让心理疗愈与安抚身体相结合，
让家长和孩子都理性面对，
正确认识孩子的成长阶段。

家庭教育指导师如何引导家长陪青春期孩子成长？

吴丰言

资深心理咨询与健康管理专家
亓黄中医科技有限公司创始人
国际资深企业培训指导师

青春期是儿童生长发育到成年的过渡期，是以"性成熟"为主的发育过程。男性的青春期一般从 10 ～ 12 岁开始，到 18 ～ 20 岁结束；女性的青春期是从 10 ～ 11 岁开始，到 17 ～ 18 岁结束。女性的青春期比男性早 1 ～ 2 年。

性成熟是青春期发育的重要特征之一，包括内外生殖器的发育、性功能的成熟以及第二性征的发育。青春期的发育存在性别和个体的差异，青春期除生理上的发育外还包括心理发育。

青春期孩子普遍存在的问题

青春期主要表现为情感、自我认知、性意识等方面的改变，在该阶段易受到外界各种因素的影响。如果没有及时干预，青春期的孩子容易产生诸多心理问题。比如，一些孩子遭受家庭不良环境的影响、自身学习压力过大，以及对于身体生理变化的错误认知和探索等，均可导致青春期心理变化出现偏差，容易出现情绪波动，包括自卑、焦虑、暴躁、易怒等。

青春期的孩子常有三个方面的问题。

逆反。孩子和爸爸妈妈之间的关系会突然恶化，过去非常依恋，跟爸爸妈妈都很亲密，现在爸爸妈妈碰他的头不行，进他的房间不行，碰他的东西也不行，他开始为自己的权利较劲。这样的孩子在社会上常常有攻击性，有敌意，看问题带有批判性，什么都看不惯，看什么都觉得不好、不完美。

双向性。青春期的孩子藐视权威，又盲目崇拜，两种倾向同时存在。比如，很多追星族都是青春期或者青春后期的孩子，他们内心藐视权威，否定一切，又盲目崇拜；他们有时有极端的道德感，喜欢谴责，有时又极端无视道德，会做一些违背公众道德的事；他们勤奋，同时又懒惰，遵守纪律，又破坏纪律。

追求神秘主义。有的孩子，喜欢追求一些惊险、刺激、神秘的东西，有时候还显得"神神叨叨"的。有的孩子喜欢看侦探片、鬼故事，喜欢玩各种相关的游戏。追求神秘主义的背后，是对世界的好奇心，他们认为从书本和父母的教导中看到的世界太过乏味，希望通过追求神秘来自娱自乐，满足自己的好奇心。

青春期孩子家长的烦恼

青春期孩子的家长可能会面临以下烦恼。

成绩问题。青春期孩子会出现注意力不集中、学习效率低等情况，导致学习成绩不稳定，甚至大幅下降。

厌学问题。部分孩子可能因为学习动力不足，缺乏正确的学习目标或感受到学习带来的压力而产生厌学情绪。

叛逆行为。进入青春期的孩子开始拥有强烈的自我意识，他们可能会为了彰显个性而与父母产生对抗。

隐私问题。随着孩子进入青春期，他们开始注重隐私，可能会为保护自己的隐私空间设置重重"关卡"。

情感问题。随着性成熟的进程加快，一些孩子会出现早恋的情况。

家庭教育指导师要注意的问题

青春期孩子身体和心理方面，容易出现各种各样的问题。有些孩子甚至出现了抑郁、暴力等严重的心理问题，家长要怎样正确认识它们，并妥善解决呢？

家长朋友们要明白：这个阶段孩子容易出现什么问题？为什么是这个年龄阶段呢？

青春期是从儿童到成年的过渡期。这个阶段孩子的性发育是其发育的重要特征之一，这时候身体各项特征的快速发展，会让一部分孩子极不适应，所以容易出问题。

青春期除生理上的发育外还包括心理发育。身体发育进程的加快，与孩子们发育不成熟的心理状态之间，产生了极大的反差，这是导致他们出现各种问题的根本原因。

青春期女孩的发育阶段随着自身阳气的转化而产生变化，其蜕变与转化的年龄为 10 ～ 11 岁，15 岁为最高点，18 ～ 20 岁为终结。所以通常出现心理压抑、抑郁症现象的女孩子，一般是 12 ～ 17 岁。

青春期男孩的蜕变与转化阶段通常为 12 ～ 14 岁，随着年龄递增以及生理机能的变化，其心智也在发生很大变化。同样面对生理机能的重大转化（人体性能量的高速变化），肾上腺素的激增会导致身体很强的能量运动，通常所出现的现象和反应，不按轨道运行，在人体进行大肆蔓延，以空间为流通渠道，其强大的生理反应直冲肝胃，上冲心肺，从而导致精神压力增大，内化机制增强，是出现生理落差和心理反差的主要原因，大多数孩子都不知道怎么办。心理疾病、抑郁症由此而生，很多老师、家长、医生都不知其所以，从而引发了孩子的恐慌、暴躁、厌学、易冲动，甚至情绪失控，严重的还出现了自残、割腕自杀等现象。

人体的生理反应通常来自身体与心态的变化，以身体为主，心态为辅，是促成青少年身心反应的首要条件，为什么是这个年龄？因为此时人的身体反应主要是由神经系统、内分泌系统、生殖系统等共同发育而造成的。其主要诱因来自肾上腺素的强大生理反应。

人体的能量通常都是有序地流动，按照一定的运行路线相互制约、相互作用。在这个前提下形成了人体内部的能量运动，从而形成了人体的能量场与气的作用，共同经营维护脏腑之间的相互作用，形成良性的互动，即中医讲的"阴阳"作用，以及五行的生克变化规律。

肾上腺素是人体分泌的一种激素，它功能很强大，可以促使人呼吸加快，心脏跳动速度和血液流动速度加快。肾上腺素对身体的作用，并非肾脏本身，而是两肾之间强大的反作用力，即肾间动气，中医的"香火"是也。青春期孩子的生理反应是因应生理需要、性能量成熟所产生的强大的能量运动。因为能量波动，身体超负荷运作，没法收容，导致能量大范围从下焦出冲向腹腔，冲击脾胃、肝胆，影响消化吸收，影响情绪变化，从而出现紧张、压抑以及波动现象，能量通过下腔冲击上腔，直接影响和改变了心肺的能量运动，从而导致心浮气躁、脾气暴躁、反复无常、厌学情绪、叛逆情绪、情绪失控等一系列心理问题。

从生理反应转化向心理反应的过度激化，是青春期少男少女的各种生理现象和心理疾病的主要原因。

为什么孩子会压抑、厌学、叛逆、反抗，甚至情绪失控？其主要原因是对抗身体内部的"流动大军"——能量运动，是对抗因为能量的反冲造成的内压增高。割腕不是反常现象，而是为了减压与转化，在没有合理的引领诱导下，貌似自残的行为，却变成了解压的唯一渠道，同时也是孩子渴望心理负担得到释放的时候，出现的一种极端行为。

青春期孩子出现的这些问题，很多老师和家长不知所措，现代医学也无法完全解决，但又是青少年们必须面对的。

其实家长们遇到这样的问题，要明白，这些都是这一时期的孩子容易出现的情况，我们需要找准孩子的发病周期、时间段、身体反应的过渡阶段、心理反应的落差与变数，然后运用正确的方法，就可以让孩子不叛逆，不辍学，不对抗，也不冲突，不会让孩子有更大的心理落差，也不会背上沉重的心理包袱。

家长们要明白，造成孩子的心理落差的主要原因，是其身体反应产生的心理变化。精神压力以及情绪失控，不是孩子造成的，而是身体造成的。常规的运动变化规律与反常的身心反应形成的强有力的对比与冲突，使得身心同时发生质的变化，影响了孩子的认知与决策。

空间能量的运动、大范围的身心反应，既产生了肾脏的剧变，又启动了肾间动气，两肾如汤煎，同时改变了空间的运动，是脏腑与心态双冲击所产生的生理反应和心理落差。

能量的运动是阶段性的，不是长期永恒的，所以影响改变青少年的心智问题，也是间歇性的，通常女孩以 11 岁为起点，男孩以 13 ～ 15 岁为起点，女孩高峰期在 14 ～ 16 岁，男孩高峰期在 12 ～ 18 岁。

所以，针对这些问题，一方面家长要正确地认识孩子生理的反差、心理的冲突，同时也要让孩子知道身心反应是自然常态。

有的家长会问，为什么有的孩子出现的问题比较严重，甚至发生了割腕事件。为什么孩子会割腕？不同人的生理特质和心理反应有鲜明的对比，有的人比较敏感，有的人相对木讷；有的人积极开放，有的人热情活泼；有的人内向，有的人外向；有的人天生是个病秧子，有的人一直健健康康。

孩子们因体质不同，承受的压力也不尽相同，积极的人乐意面对，内敛的人没法承受，好面子的只能加压，感情脆弱的接近崩溃。割腕是一些孩子心理承受能力最后的界限。因为只有把内部能量给诱发出去，孩子心里才会好受得多，如果没有出路，内压增高的前提下，没有退路的前提下，孩子会不知所措，没有人告诉他怎么做，割腕很可能就是唯一的选择。

身体的生理反应，容易引起心理恐慌，内驱力促进心理波动与心理反常，压力是由身体造成的！

因此，需要正确认识肾上腺素，99% 的孩子心理健康与肾上腺素有关。肾上腺素的功能与作用主要是针对人体的阳气，是生命的无限之光。肾上腺素既能促成人体生殖系统的全面发育与健全，又能促进大脑细胞的生长与发育，还能激活小脑、脑干、神经的运动，促进内部机能的变化，内分泌的发展，各种腺体的运动以及人体生命的长足发展。

肾上腺素代表志，代表智慧，代表生命的驱动力，其运行路线以下焦为主，从肾脏到八髎再到会阴，到少腹（气海穴），整个腹腔，上冲隔膜以及心肺功能，直达头顶，不走寻常路，所以才有如上症状。解决肾上腺素导致的问题，方法其实很简单，就是将能量引入"渠道"，通过身体，通过人体内循环疏导。只要把多余的能量引入沟渠，就可解决身心问题。类似的问题我们已经有很多案例，基本都是相似的症状，统一的现象不同的对象，年龄相似，症状相似，男女比例相似，所以没有解决不了的问题。

在孩子性成熟的过程中，如何正确地引导孩子呢？让心理疗愈与安抚身体相结合，让家长和孩子都理性面对，正确认识孩子的成长阶段。

孩子的心理素质跟身体反应息息相关，孩子的承受能力和所处的环境息息相关，男孩出现的问题相对激烈，女孩出现的问题相对内敛，叛逆倾向基本一致，但处理方法与手段有所不同，男孩叛逆时候折腾对抗居多，容易对抗父母的安排，对抗学习，女孩辍学回家自残居多。

针对上述问题，有一些解决方法。比如，告知孩子正确面对身心反应，接纳身体出现的一切问题，要有一个好心情，不对抗，不隐藏，不压抑，不折腾，只是知道，接纳就行。因为能量是大面积运动，不像脏腑是固定不变的，所以有不可控性，看护它，不去引领诱导它是最好的方法。

静坐静养，内观自己的下丹田，少腹部（气海穴），让自己的能量聚集在下腹部，不用引领，让它自动运作，只是静静地看着它，守着它，让心不要妄动、乱动，引领它，自然也能减缓压力。

多想想开心的事，积极地互动，热情地绽放，转移注意力，不让它成为孩子的障碍。

身体出现燥热、妄动的时候，要学会自我安抚，让身体慢慢地静下来，情绪慢慢地静下来，心态也相应地静下来，于是身心就会趋于安静与转化。身体转化了，能量自然消解，情绪也不会产生大的波动，不会给自己带来负面情绪，也不会因此而产生更大的冲突，既能预防，也能化解，还能转化为自己独有的身心反应，助自身蜕变，早日完成心智变化。

在此，给家庭教育指导师和家长一些建议，正确认识孩子的青春期综合征。

孩子的身体反应来源于其内在身心的机能变化，是人体空间与实体的发展与结合，是人体能量运动和脏腑运动的有机转化，具有很强的互动性、操作性、可控性和增益性。

正确认识身体的反应，是解决青少年心理压力的根本法则。学会安抚、引领与诱导是打通孩子身心转化的有力手段。一切以静为主，静为主导，动为诱因，身体以动来促进变化，如果我们不能抑制，就会产生相反的作用。沟通与支持，帮助与抚摩，安抚与诱导，既要掌握火候，还要了解情绪，更要把控心态，切不可操之过急，促成内驱力的爆发，得不偿失！安抚、蜕变是第一要义，转化气脉是重中之重，调整心态是必须的，没有什么不可以，有的只是身心同调，家长不要着急，学校不能施压，不要给孩子压力。释放内驱力的最好方法，就是让孩子正确认识身体反应以及应对措施，这样，就没有什么不能解决的问题。

给孩子做教育规划是非常重要的，因为教育对于一个人一生的成长和发展具有深远的影响。

"

家庭教育指导师如何指导家长做好孩子的人生规划？

牛淑焕

北大心理学学士
牛妈聊育儿平台创始人
国家二级心理咨询师
家庭教育指导师
中英文阅读推广人

天下所有的父母都希望自己的孩子有一个美好的未来，望子成龙、望女成凤，更希望自己的孩子是那个改变世界的人！那怎样实现这一梦想呢？

当然是通过教育。但是随着科技的高速发展，以及教育模式的变化，尤其是ChatGPT的出现，给当下的家庭教育带来了新的挑战，而由于家长文化水平的局限，以及教育观念的滞后，面对孩子出现的一系列问题时，他们往往无法应对。此外，还有一些所谓的"家庭教育指导师"制造的焦虑，让很多家长对孩子的教育更加焦虑和惶恐不安。

其实，如果懂得给孩子做教育规划，知道我们培养的是未来有竞争力、幸福力的孩子，就会把目光放长远，给孩子做应对一生能力的培养，从而消除这些焦虑和不安。

大家知道自由式滑雪冠军谷爱凌吗？就是因为她的妈妈谷燕懂得0～18岁孩子的身心发育特点，以及教育的底层逻辑，抓住了教育的内核，着重培养谷爱凌的那些核心能力，把教育孩子当作一件充满挑战而幸福快乐的事，从小到大给她做了很好的教育规划，才有了谷爱凌今天举世瞩目的成绩！

为什么要给孩子的人生做教育规划？

教育孩子，如果没有教育规划，就相当于摸着石头过河，是一件非常可怕的事情，也好比打出租车没有目的地，不知道该去向哪里。所以，给孩子做教育规划是非常重要的，因为教育对于一个人一生的成长和发展具有深远的影响，通过合理的教育规划，我们可以帮助孩子更好地发掘自己的潜力和兴趣，培养他们的综合素质，为他们未来的职业和生活奠定坚实的基础，同时应对世界的飞速发展和不确定性。

教育规划可以帮助孩子明确自己的目标和方向

孩子在成长的过程中，可能会面临各种选择和困惑，不知道自己应该朝哪个方向发展。通过教育规划，我们可以和孩子一起探讨他们的兴趣、特长和未来的职业方向，帮助他们做出更加明智、个性化的抉择。

教育规划可以提升孩子的学习动力和积极性

通过规划，孩子可以知道自己为什么要学习，以及学习对他们未来的意义是什么。这样，他们会更愿意投入时间和精力去学习。这种内在的驱动力，可以让孩子更加主动地参与学习，养成自主学习的好习惯。终生学习，这才是应对未来社会不断变化的能力，当然更能取得好成绩。

▌ 教育规划有助于培养孩子的综合素质

除了学科知识外，教育规划还注重培养孩子的沟通能力、团队合作能力、创新能力等。这些素质都是未来核心竞争的能力，对于孩子未来的职业和生活都非常重要，也可以帮助他们更好地适应社会的变化和挑战。

▌ 教育规划可以帮助我们更好地利用资源，提高教育的效率

通过规划，我们可以根据孩子的需求和兴趣来安排课程和活动，避免资源的浪费和重复，同时我们可以更加有针对性地选择适合孩子的教育方式，并合理地利用资源，提高教育的质量和效果，为孩子的未来奠定坚实的基础。

作为家庭教育指导师，要指导家长重视教育规划，与孩子一起制订和执行适合他们的个性化教育规划。

孩子的教育规划包括哪些方面？

▌ 学业规划

首先，学业规划是教育规划的核心，这包括确定孩子的学习目标和方向，如选择合适的学校课程和学习方法。家庭教育指导师需要指导家长关注孩子的学科兴趣和学习进度，为孩子提供必要的支持和辅导，确保孩子在学业上取得良好

的进展。

兴趣和特长的培养

除了成绩，孩子的兴趣和特长也是教育规划的重要组成部分。了解并培养孩子的兴趣，如音乐、体育、美术等，不仅可以丰富他们的生活，还有助于培养他们的自信心和创造力，同时发掘并培养孩子的特长，如数学、科学、编程等。兴趣和特长，不仅可以为孩子未来的职业打下坚实的基础，更是确保孩子一生幸福的能力。

品格教育

品格教育是教育规划中不可或缺的一环，通过培养孩子的品德价值观和道德观念，能帮助他们成为有责任感、尊重他人、具备良好社会适应能力的人。这些目标，可以通过日常生活中的榜样示范，通过家庭教育、学校教育、社会教育等多种方式实现。

人际沟通能力

在孩子成长的过程中，人际关系和社交关系都是非常重要的，这些关系的认知、维护，都需要孩子具有良好的人际沟通能力。教育规划应关注、重视孩子的人际交往能力，帮助他们学会与他人合作、分享，并解决问题。通过参加团体活动，进入不同的社交场合，孩子能够不断锻炼自己的沟通技巧和团队协作能力。

生涯规划

随着孩子年龄的增长，生涯规划逐渐成为教育规划的重要内容，这包括了解不同职业领域，探索自己的职业兴趣和发展方向，以及为未来的职业道路做好准备。家庭教育指导师可以指导家长引导孩子参加志愿者的活动，帮助孩子积累实践经验。

心理健康教育

孩子的心理健康同样重要，教育规划应该关注孩子的情感需求、心理压力等方面，为他们提供必要的心理支持和引导，通过建立良好的亲子关系，提供情感支持，引导孩子积极面对挑战等方式，帮助他们建立健康的心态和积极的生活态度。在制订孩子的教育规划时，父母和家庭教育指导师需要综合考虑孩子的个性、兴趣、能力和未来发展需求，制订符合他们特点的教育计划，同时保持开放和灵活的心态，随时根据孩子的成长变化，调整规划内容，确保他们能够在全面发展的道路上不断前行。

如何指导家长给孩子做好人生规划？

首先，了解孩子的兴趣、特长和性格，这样才能为他们量身定制一个合适的教育方案；其次，关注孩子的学习情况，定期和他们沟通，了解他们在学校遇到的困难，以及给予及时的帮助和鼓励，别忘了培养孩子的综合素质，让他们多接触社会，多参加活动，锻炼他们的沟通合作和解决问题的能力；最后，要有耐心和信心，相信孩子会越来越好，也要给他们足够的支持和鼓励。

▌孩子美好的未来，都是规划出来的

我们来具体看看谷爱凌的故事吧。她今日的成就，就是按照六大方面规划出来的。谷爱凌家住美国旧金山的湾区，斯坦福大学附近。这里环境优美，碧海蓝天，拥有绿意盎然的森林。谷爱凌经常在附近跑步，锻炼体能。

谷爱凌的外婆在她两岁时教她说中文，吃中餐，给她讲中国故事。谷爱凌从小接受中西文化的教育，奠定了她的交流和沟通能力。谷爱凌小时候骑马、攀岩、射箭、跑越野、跑田径、踢足球、打篮球、唱歌、弹琴等都去尝试，最终找到了自己热爱的事情——滑雪。谷爱凌的家庭教育规划，让她成长的过程自由、丰富、快乐，也为她的职业生涯打下了坚实的基础。

谷燕本身就是滑雪运动员，谷爱凌3岁就开始跟着妈妈在雪道上学滑雪，8岁进专业滑雪队，之后每周末驱车来回8小时去滑雪，在车上复习功课，9岁开始拿金牌，从15岁获得中国国籍以来，到2024年已经为中国队夺得20多枚金牌。其间，她每年回国两个月，假期去海淀黄庄补习课程，妈妈说在海淀补习10天，相当于在美国学习一年（学业规划），时间高效规划，所以才成就谷爱凌在这么繁忙的赛事中，保持了校内成绩的优秀，参加美国高考，SAT满分1600分，她考了1580分，被斯坦福录取。成名的她做品牌代言、爱心大使等去各地演讲，2003年出生的她学习自律，挑战突破自己的极限，不断找到自信，乐观、开朗地享受比赛的过程。

兴趣特长培养、品格教育、心理健康教育、社会沟通能力、学业规划、生涯职业规划等，当年如果没有妈妈给她从小做这些教育规划，且付出时间、金钱去支持孩子，她会有今天的成就吗？再好的天赋如果没有规划、没有行动，都会被埋没。

很多人也许会说谷爱凌家有钱、教育背景深厚，才有这样的结果，但是比谷爱凌有钱、有教育背景的孩子很多，滑雪冠军谷爱凌却只出现了一个。举谷爱凌的例子是因为她是家庭教育规划的典范，几乎人人都知道。很多重视家庭教育规划的普通家庭同样也培养了很多领域的优秀人才。

家庭规划固然重要，但"启而不发"没有任何意义，关键是我们家长要立即行动，才能培养出有未来的孩子。所以，观念重构、引导改变，才有家长的自主行动！

接下来，我把自己的亲身经历和经验，分享给家庭教育指导师及家长们，希望你们跟我一起改变，养育出人格健全、有未来竞争格局、心怀世界的孩子！

我从小生长在农村，像一只快乐的小麻雀一样，每天只要有口吃的，就能开心得蹦蹦跳跳，而且我学习也很专注。当我大脑里的知识不断丰富的时候，我就开始思考，如何改变这个世界。当我汗流浃背挥舞着镰刀割小麦的时候，火辣辣的太阳炙烤着脊背，我就在想，大约五千多年前人类就发明了镰刀，为什么我们一直使用到现在？想着初中学习的物理知识，我就在大脑里发明了很多的东西，似乎有那些收割机的模糊原型，那时候农村没有任何的实验室，只是空想着要改变世界。

大学后，我怀揣着梦想，兴奋地说："我要开始改变世界了！"可我从事的工作，并不理想，一毕业就面临了下岗的危机。在我看来，我没有任何改变世界的机会。这时候，我读到了一段话，是伦敦威斯敏斯特大教堂地下室的墓碑林中，一块无名墓碑上的碑文。

在我年轻的时候，我曾梦想改变这个世界；可当我成熟以后，我发现我不能改变这个世界；于是，我将目光缩短一些，那就只改变我的国家吧；可当我到了暮年的时候，我发现我根本没有能力改变我的国家；于是我最后的愿望，仅仅是改变我的家庭，可是这也是不可能的；当我躺在床上行将就木的时候，我突然意识到，如果当初我仅仅是从改变自己开始，也许我就能改变我的家庭，在家人的帮助和鼓励下，也许我就能为我的国家做一点事情；然后谁知道呢，说不定我能改变这个世界。

　　这段话改变了我的事业轨迹，也改变了孩子们的命运！这段话，如同是写给我的。于是，我改变自己的方向，不再为了挣钱而丢下孩子，开始边创业边照顾孩子，开始改变我的家庭。2006 年为了给儿子更好的教育，我们从山东搬到北京定居。我考了国家二级心理咨询师，研究了一些教育孩子的理论，又开始去北京同仁医院心理科实习，其间每个周末转战北京大学校园，学习了二十多门课程，最终获得了北京大学心理学学士学位。

　　我掌握了教育的底层逻辑和科学的方法，开始在自己的一双儿女身上实践，给他们做教育规划。儿子从小喜欢篮球、轮滑、健身等，女儿喜欢钢琴、声乐、英语、阅读、演讲、舞蹈、游泳等。各种兴趣爱好，我都让他们去体验。他们的生活丰富多彩，乐在其中，在校内校外跟小伙伴们玩得不亦乐乎。

　　除了开发兴趣爱好以外，我还重视中西文化教育同步进行。他们从小在北京公立学校就读，到了初二下学期，就开始转到国际学校，接受中西并重的文化教育。后来，我儿子在纽约大学读研究生。女儿从小在公立学校学习，初二下学期转到国际学校一年半又被北京一梯队公立高中国际部提前录取。从小到大不但成绩一直名列前茅，各种才艺突出，奖状、奖牌堆满书桌。两个孩子智商、情商还可以，也被誉为"别人家的孩子"。其实都是重视家庭教育规划的结果。

　　我和老公是大学同学，配合默契，我们教育好了孩子，经营好了夫妻关系、亲子关系，把孩子的教育推到了一个高度。我一直做着人工智能的中英文阅读的推广以及家庭教育、心理咨询工作，点燃了上万家庭教育孩子的热情，在社会上也有了一定的影响力。

儿子出国留学，他把中国优秀的传统文化，以及他自身的乐观、自信、独立带给了全世界的同学和朋友，也算小范围实现了我最初的那个"改变世界"的梦想！回想起那段话，原来"改变世界，要从改变自己开始"，每个人变好了，每个家庭就变好了；每个家庭变好了，每个国家就变好了；每个国家变好了，整个世界也就变好了。

家庭教育指导师的意义正在于此，我们旨在通过一个人，通过他的家庭教育规划，成就他个人精彩的未来，也成就了整个世界精彩的未来。

推动摇篮的手，就是推动世界的手，那就让我们成为那个"推手"背后的"推手"吧。希望每一位家庭教育指导师，都严格要求自己，成为"推手"，指导好家长做好家庭教育规划，助力家长成就更多改变世界的人才！

那家庭教育指导师具体该怎样做呢？

首先，家庭教育指导师要有一定的认知高度和方法。 当看到家长在教育孩子的道路上比较焦虑时，家庭教育指导师不应该夸大痛点，增加焦虑！当然，一部分人是为了博取流量，另一部分人本身不具备深厚的心理学功底及家庭教育经验，随着家庭教育的需求与日俱增，家长饥不择食地拿着那些"头痛医头，脚痛医脚"的方法，胡乱在孩子身上试验，不但没有个性化的指导和提高，更让孩子们伤痕累累，所以我们不能想当然地把一种方法和技巧教给所有的人。不要忘了，世界上没有两片一样的叶子，更不会有两个一模一样的人，即使同卵双胞胎，个性差异也很大，同时每个孩子的家庭背景、社会环境、学校环境也不一样，所以表面上看起来类似的问题，背后的原因却千差万别。比如常见的孩子写作业拖拉磨蹭，原因可能有孩子性格上本来就慢，孩子身体不适懒得动，作业题目太难，孩子担心做完了作业父母再给加任务，孩子为了逃避作业太多而破罐子破摔，孩子跟同学或老师闹别扭没从情绪里走出来……我们要指导家长了解0～18岁孩子的身心发育特点，找到孩子行为背后的原因或动机，对症下药，读懂孩子的需求，才能满足其需求。正向强化，才能激发孩子的兴趣和热情，调动孩子的内驱力，养出主动学习的孩子。世界上没有天才，所谓天才都是父母在孩子的大脑还是一片空白，正渴求知识、刺激的时候给了孩子相关的输入，在孩子幼小的时候把某个领域相关的知识内化到了孩子的潜意识中，让孩子本能产生了兴趣，兴奋的感觉根深蒂固地扎根于孩子的身体，孩子对此产生极大的兴趣，甚至在这个领域产生极度热爱，乐此不疲地专注于该领域，所以才诞生了天才。如果家长们了解这个真相，在孩子0～6岁就开始规划好孩子未来的方向，像谷爱凌妈妈一样，然后给孩子创造这样的环境和资源，那必定能培养出如谷爱凌这样的优秀少年。

所以倘若家长掌握了教育的底层逻辑，懂得孩子成长的规律，那么教育孩子就如同握着定海神针，不焦虑，不迷茫，胜似闲庭信步，悠哉快乐，如同体验自己的第二次人生，陪孩子一同成长就成了一件快乐的事情。

如果家长不学习科学的养育方法，那么将会延续自己父母的教育方式，潜移默化地把原生家庭的教养方式和伤害再次在自己的孩子身上"轮回"，不想成为父母的样子，反而成了自己讨厌的样子，因为童年的痛和思维模式一旦隐藏在自己的潜意识里，就会本能地用父母对待自己的方式，再去对待自己的孩子。家长意识里明明知道社会已经在发展变化，不应该用过去的教育方式，但在教育孩子的方式里，还是童年时期的那套模式，所以家长们内心对自己不会、知道不对但又在重演的教育行为非常焦虑、迷茫无助。所以首先打开家长的认知，改善他们的思维模式，才能改变其行为，才能有好的结果。

其次，要指导家长问一下自己的初心，当初为什么要生孩子？是为了简单的传宗接代，生命有延续就可以，至于孩子未来有啥发展，那就听天由命；还是为了让孩子实现家长的梦想或家族的梦想，实现阶层的跃迁；又或是让孩子自己的生命更加灿烂多彩？如果是想让孩子在现有的水平上保持快乐，那就简单做个人格养成规划，让孩子做一个诚实善良的人，对社会、对家庭有用而无害的人。如果对孩子的未来有更多期许，想让他踩在父母的肩膀上走向更高，实现阶层的跃迁，那么家长就要好好学习，科学养育孩子，好好规划他的未来。不但要人格健全，而且要高分高能，拥有更大的竞争力和幸福力，可以游刃有余地应对未来社会的变化和解决人类的新问题，从而改变这个世界！

每位家长都想让孩子变得更好，为整个家族争光，为整个社会和世界做贡献，成为那个改变世界的人。但怎样的家庭教育才能实现这样的梦想呢？

于是便有了我们家庭教育指导师的工作。在回顾了生儿育女的初心之后，接下来就以终为始来指导家长给孩子做人生的长远规划，让每个人的一生尽量都淡定从容，知道自己从哪里来要到哪里去，让自己走的时候不因为碌碌无为而羞愧，让世界因你的到来而变得更加精彩！

家庭教育规划是培养人才的关键。人才是家庭的希望，也是国家的希望，更是世界的希望。在培养人才的过程中，家长是关键，家庭教育指导师更是责任重大。让我们一起肩负使命，带领更多家长做好家庭教育规划，培养出家庭、社会、世界需要的合格公民，为世界做出一份应有的贡献！

教育的根基，更多的本质，
在于家庭的意识觉醒和父母的
源头行为改变。

> **父母如何引导孩子拥有幸福力，家庭教育指导师给出十条建议**

 王彦芳〈如是〉

心理学硕士
北大博雅客座教授
世界非物质文化遗产研究院院士
身心灵境全息疗愈与创升创始人

十年磨这家庭教育一剑，我深深地明白和感受到了，教育的根基，更多的本质，在于家庭的意识觉醒和父母的源头行为改变。

很多父母找我咨询，原因无外乎孩子厌学、叛逆、沉迷游戏和手机、早恋、莫名生病等。父母们总觉得，自己为孩子提供了最好的条件，可是孩子太不争气，不像别人家的孩子那般懂事、优秀和阳光。

他们想不明白，孩子为什么会有这样的表现。通过十一万个小时的咨询积累，我可以试着解答这个疑惑。

父母们望子成龙、望女成凤，这是美好的愿望，无可非议。问题在于，父母们的潜意识里，觉得孩子是自己生命的延续，会把对自己的某些要求，无形中施加给孩子。这种强大的集体潜意识，笼罩在很多父母的意识根基里，从而给自己造成了很强的焦虑感，也带给孩子很多无名的压力和烦恼，导致我们在新闻和各种案例里看到层出不穷的各种悲剧。

很多父母不知道的是，优秀其实来自感受幸福的能力。

比如，孩子爱学习，是他意识到了学习是一件很幸福的事。他知道，在学习中成长和实践，是一生中都会伴随的必备事，自然愿意带着探索乐趣和心甘情愿的心境去学习。学习心态轻松，并能在快乐中很自如地找到更好、更适合自己的学习方法，成绩自然而然会很好。再比如，孩子能够有意识地养成良好的生活习惯，并不是完全受到父母奖励机制的激发，而是做的过程中体验到了喜悦和成功感，进而产生了内驱力。

能感受到生命恩典和幸福的孩子们，自然而然就会拥有强大的创意和动能，活出生命的张力与希望，它就是幸福的内驱力。

作为深爱孩子的父母，需要不断学习和践行培育孩子幸福力的方法。下面是我总结的十条建议，它们是孩子通往幸福殿堂的必经之路，值得孩子用一生的时光去探索和实践！

给孩子足够的安全感

足够的安全感，是孩子的幸福力养成的重要组成部分。

安全感的培养，是从孩子出生就要开始的。最简单的是，我们说的每一句话都含有这样的意识，让孩子觉得自己被尊重，并且家人是时时刻刻和他在一起的。

比如，孩子躺在摇篮里，妈妈给他冲奶粉，可以说："宝宝，妈妈在给你冲奶粉，几分钟就好。"冲好之后，对宝宝说："宝宝真棒，耐心地等妈妈冲好奶粉，请喝吧！"

　　孩子八个月到两岁左右的口欲期，也是塑造安全感的重要时期。这个阶段，孩子是用口觉来探索世界的，拿到任何物品，都喜欢往嘴巴里放，甚至是吃手。如果口欲得不到满足，长大了就容易叛逆，或者是喜欢啃手指头。在这个时期建立安全感，最好的方法是，给孩子奶嘴和磨牙棒，只需要注意这些物品的消毒和卫生即可。孩子能顺利度过口欲期，在青春发育期或者成人以后，他的情绪会更加稳定，思维也会更加充满爱与希望。

　　孩子一岁左右，开始学走路。起初，父母可以扶着孩子走，孩子的腿部力量增强之后，可以试着让他自己走，父母在旁边负责保护，并对他说："宝宝真棒，爸爸妈妈会保护你，你只需要勇敢地往前走，我们陪着你。"如果孩子摔倒了，可以鼓励他继续："宝宝的腿越来越有力量了，走的方法更好了，太棒了，马上就学会走路了。"孩子学会了以后，可以说："哇，宝宝学会走路了，爸爸妈妈愿你此生皆坦途，步步皆如意！"

　　孩子第一次去上学时，要对他说："你在迅速长大，爸爸妈妈很高兴你可以去上学，在学校你可以认识老师，可以交到新朋友。你上学的时候，咱们表面上是暂时分开了，但我们的心是永远和你在一起的。你快乐，爸爸妈妈也会快乐；你进步，爸爸妈妈也会更开心！加油哦，放学后，爸爸或妈妈会第一时间来接你。"接到孩子后，一定要适当地给孩子惊喜的小礼物和鼓励的话语，比如奖励孩子一本图画书或一幅小贴画，再或者是一根棒棒糖，告诉他："你真的很棒。"受此鼓励，孩子就不会惧怕短暂的分离，他们的安全感会逐渐增强。

这样的思维习惯和场景，被有意识地塑造得越多，孩子的自主独立能力和安全感就会越强，无论是否在父母身边，安全感都会逐步培育出来。

给孩子深爱自己的能力，无论他人如何，也不论他人如何评判

有些父母，常常会拿自家孩子的缺点和别人家孩子的优点相比，觉得这是激发孩子成长的方式。实际上，这是毁灭孩子自信的致命方式，会让孩子陷入不被爱的体验中。

我的建议是，当你的孩子被跟别人做对比的时候，一定要欣赏和夸赞自己孩子的优点，告诉他，不论别人怎么好，你自己也很好。要深爱自己的面容、身高和现状，从中引导孩子看到希望和独特之处，比如，你对这个世界有用，不是因为你和别人一样，而是你和别人不同。善用这样的话语和力量，鼓励孩子做自己，成为自己。无论他人如何，也不论他人如何评判。

带孩子走进大自然，培养感受艺术的能力

周末或节假日时，可以多带孩子接触大自然。

可以到公园散步，让孩子感受小桥流水，观察水流的方向，或是抛石子到河水中，观察波浪的变化。或者是让孩子观察花瓣的瓣数、颜色和模样，并且捡拾不同的叶子和花瓣，用灵感排出不同的图形。又或者，可以带着孩子去运动，比如登山、跑步、骑行等。

在这个过程中，孩子和大自然连接的放松感和美好的记忆，可以培养孩子感受艺术的能力。这种能力，会成为孩子一生宝贵的财富，大自然也可以带给孩子轻松而自然的治愈力。

爱上创意，勇敢表达和想象

孩子在三岁到七岁的时候，创意力是很强的。

他们也许会喜欢手工，也许会喜欢画画，甚至会尝试感受大人的世界。

拿画画来说，他们画的内容，往往天马行空。也许是他们在梦境中看到的场景，也许是自己想象的画面，只要在安全的范围之内，都允许孩子去做。

而且，要向孩子提问，鼓励他们解说和分享创意的源头。

久而久之，孩子会越来越喜欢创意的感觉，越来越喜欢想象。

他们想象出的这些梦，很有可能在长大后真真切切地实现。这就是心想事成！

深度拥抱两分钟或走心沟通十分钟

孩子受到父母的关注，才能逐渐感受到幸福。尤其是在年龄尚小的时候，更需要父母的连接。

因此，外出工作的父母，回到家之后，要先通过眼神和话语和孩子进行交流。洗手之后，再深度拥抱孩子，和他继续对话，给予孩子正向的指引和确认。

这种情况下，孩子得到了饱满的情感连接，情绪会特别稳定，情商、智商也会更高。

即便回家时孩子已经睡着了，也可以去看看他，摸着他的手或额头，告诉他爸爸或妈妈回来了，很爱他。潜意识中，他也能深深地感受到这份爱。

提升孩子感受情绪的能力

在孩子每次发脾气或哭泣的时候，千万不能说不准哭、不要哭或不能哭之类的话，而要陪伴孩子，允许他的难过和哭泣，带着他去感受和面对委屈和难过的感觉。

直到情绪流动和释放好，再带他去分清楚情绪、爱和事件的区别，带着他捋清楚，到底是什么事带给自己难受的感觉，以及这件事情出现的缘由和正确的处理方式是什么。

还有，一定要告诉他，无论他是否难过，爸爸妈妈都会永远陪伴着他，都会爱他。

这样养育大的孩子，情绪会越来越稳定，更能自如地处理各种情绪，越来越能把控情绪的走向，成为情绪的主人，感受到生活的自洽和美好。

悦纳当下，让孩子拥有自我调节的能力

很多父母对孩子的考试或比赛成绩非常看重，一旦成绩不够理想，就会表现出失落。

其实，孩子成绩的好坏并不能和智商画等号，也不能依据孩子成绩的高低来决定给予孩子多少爱。

父母要做的，是带孩子直面当下的结果，总结哪些是他做得好的，哪些是要加强的，从当下开始，如何努力和加强，并给予相应的陪伴和鼓励。

孩子一旦掌握这种自我调节的能力，在一生当中，无论遇到多大的坎儿，他都会有勇气去面对，去调整，去争取更好的结果。

感念万物的滋养，增强生命丰盛的能力

人要有感恩之心，感念万物对生命的滋养和支持，会让人幸福感更足。这些感受越深，孩子内心丰盛的福田就会越厚。越感恩的人，越拥有力量，也越幸福。身为父母，应该在生活点滴中，引导孩子学会感恩。

比如，感恩祖国的强大和护佑，感恩革命先辈给我们带来的平安幸福的生活，感恩师长对自己的教育，感恩空气给我们的滋养，感恩大地母亲的托举，等等。另外，吃饭的时候带孩子念感恩词，踏青的时候带孩子感恩大自然的滋养和美好，带孩子在小溪中嬉戏的时候感恩溪水的洁净和滋养，等等。

在日常生活的方方面面，去引导孩子感恩生命的滋养和丰盛，孩子内心会越来越丰厚，幸福感会越来越强！

培养逻辑分析和共情能力

在平日的生活中，要有意识地培养孩子的逻辑分析力和共情能力。

至于方法，可以带孩子培育一棵属于自己的西红柿，观察它的成长过程，并每天分享看到不同状态时的感受。

比如，西红柿破土而出的时候，是什么样的心境？西红

柿开花的时候，又是如何期待它结出西红柿的？西红柿成熟需要多长的时间？为什么要等到它们熟透再吃？在种植西红柿的整个过程中，收获和感受到了什么？

在培育的整个过程中，孩子的逻辑分析能力和对于事物的觉知能力，以及对于人、事、物的共情能力，都会得到极大的提升。

这样的思维和能力，延展到整个学习和人生当中，会让孩子更容易感受和获得幸福。

允许万境的发生，并从中找到动能与希望，创意与感受幸福的能力

我所做的咨询疗愈中，有 90% 左右的孩子，会因为恐惧搬家、更换学校、父母离异、考试成绩不好等因素，而伤心流泪。

面对境遇的变化，孩子往往缺乏应变能力，这会让他们在第一时间产生痛苦的情绪。孩子如果能从心底允许和接纳万境的变化，相信变化之中必有新的机遇，那么孩子就不会被痛苦情绪侵扰。

要让孩子看到希望，父母平时应该以积极的方式给孩子传递信息。

比如，因为工作变动，要举家搬到另外的城市，父母可以带着创意地对孩子说："以后，我们一定找机会回来，看

望你的同学和朋友们。而且，我们要去的地方，有更好的学校和更多的同学，有更高级的游乐场所，还有更大的博物馆、科技馆等。那里有特色的美食和风俗，我们可以去感受，去学习。"给孩子画一幅充满希望的蓝图，孩子就可以好好地和现在的朋友道别，愉悦地接受新生活了。

再比如，家境或者夫妻关系发生了变化，一定要告诉孩子，父母双方都是深爱他的，只是居住的环境有了一点变化。而且，一定要付诸行动，让孩子在正向的爱的流动中，看到未来的希望。

又比如，家里的亲人或长辈离世了，父母一定要认真地陪孩子穿越不舍的情绪，允许孩子情绪流动的同时，告诉他试着感受新的连接方式。让孩子知道，亲人或长辈只是换了一种方式守护他，也许是变成了一阵风、一只蝴蝶或一只蜻蜓。我们要更友善、更幸福地活着，让亲人或长辈看见。

以这种方式养育起来的孩子，面对生死别离或任何境遇时，都能自洽和调整好，心灵越来越宽润！

爱的意识，能诠释生命的美与绽放，幸福的意识和能力，也会从生活的点点滴滴之中，滋养和培育出来。

祝福所有的父母，在养育孩子的过程中，都能体验到生命的升华和幸福，也能将幸福的能力传承和给予自己的孩子，并代代相传，让生命沐浴在阳光和无限的爱与美好中！

唯有强大的创造力才是
人生而为人的最大价值。
创造力就是未来的竞争力。

" "

家庭教育指导师如何指导父母
激发孩子的创造力？

孟彧先生〈吴穗琼〉

UCCC 中美禅学院院长
UCCC 优西东方生活馆馆长
中山大学佛学研究中心研究员
斯坦福、哈佛大学中国禅指导老师

创造力来自灵感

关于创造力，和一个人的灵感息息相关，灵感是创造力的源泉。

人类历史上很多重大的发明创作，都是源自创作者刹那间出现的灵感。

比如 19 世纪与爱迪生同期的发明家特斯拉，一生约有一千项发明专利，令人啧啧称奇的是，他的这些专利后人从未找到过草稿。据他自己的描述，他在设计这些产品的时候，常常能看见"影像"。他认为自己是一个宇宙密码的翻译家，他只是把那些脑中不断闪现的影像复刻出来罢了。

无独有偶，被誉为"经营之神"的稻盛和夫也说过，自己在研发陶瓷产品的时候，脑袋里也会有"影像"闪过，他称之为"创造性的瞬间"。

毕加索也曾说过，他的作品从来不是他自己画出来的，而是似乎有一股比他更大的力量，在托举着他创作。还有"波点女王"草间弥生作画也从来不打草稿，笔随心动，作品浑然天成。

从这些案例中可以看出，这些人之所以取得这么多的成就，除了自身深厚的专业积累，还拥有一种敏锐捕捉灵感的能力，两者相辅相成。这些创作者在各自的领域殚精竭虑、夜以继日地努力，脑中思考的都是自己所研究的问题，灵感之于他们，可以说是突破临界点的一种顿悟。

在东方传统文化语境里，灵感的本质，可以理解为"信息"。这种信息不存在于人类的思维意识中，而是宇宙、自然中本有的。在西方，这种灵光闪现的时刻叫作"尤里卡时刻"（Eureka）。而在中国传统的宇宙观里，人是天地育化，也就是说人是天地的产物。而灵感，源自天地万物的变化和运行规律。

灵感不存在于寻常的思维中，往往是一种跨界的，在极度专注之后的放松中偶然获得的。一个常常局限在规则内的人，条框很多的人，灵感往往很难进来。

因此，一个人想要获得灵感，如果处于苦思冥想的状态，反而是出不来的，因为最大的信息量沟通，是没有边界的。放松，是练习边界消融的第一步。很多灵感来自梦中，因为睡觉的时候往往是一个人最放松的时候。

孩子有创造力的三大表现

▍爱发呆

发呆是一种天然的放空放松状态。当一个人不再追逐时间、不再被外界的声音所左右，不再被过往的经验所束缚，那么在这片宁静的空间里，他的内心深处开始与自己对话，那些隐藏在平凡生活中的灵感和创造力得以释放。

千万不要小看发呆，它是心灵与宇宙对话的瞬间，是一种无声的诗。

特斯拉创始人埃隆·马斯克在童年时期就有经常发呆的习惯，他的老师和同学们认为他孤僻、傲慢、不好相处，因为他经常沉浸在自己的世界中。马斯克自己也提到，当他努力思考问题的时候，他的感官似乎会瞬间关闭，外面的声音和事物都进不来。但当别人都以为他是孤僻的疯子时，马斯克的母亲坚信他是个天才，并且他后来的种种看似"不合常理"的成功，也证明了他的思考力并没有任何问题。马斯克的童年经历，造就了他对行业和规律的深刻洞察力，他一生都在践行"第一性原理"（即不依赖已有的解决方法和经验，把问题拆解到最基本的真相和事实，然后再构建最便捷的解决方案），知行合一，可以说他妈妈对他灵性的保育有莫大的功劳。

作为家长，当发现孩子发呆时，以下三种行为应该避免：

1. 粗暴打断。

2. 嘲笑。

3. 用别的手段转移他的注意力（逗他玩、给他吃的等）。

家长可以参考以下做法：

1. 不打扰。

2. 尽量营造安全、安静的环境。

3. 在他身旁静静陪伴。

秒睡

在东方文化里，对人类的心理活动，有个"第七识"的概念，指看到对自己有利的就是好的，拉进来；对自己有伤害的就是坏的，要推出去。第七识就是依赖这些好恶判断，自动地做出趋利避害的行为。第七识与个体的自我意识和自我认同紧密相关，被认为是个体对"我"和"我的"概念的执着来源。第七识不断地产生和维持个体的自我感，即使在睡眠中也活跃着，只是我们很少察觉到。

孩子们的自我意识相对纯净，他们的"我"概念还没有被成人世界的复杂社会结构和价值观所固化。所以孩子们的第七识更加接近自然状态，他们的自我认同更加流动和灵活。现代人容易失眠，正是因为脑袋里太多的利益判断搅来搅去，孩子们脑袋里没有那么多事儿，因此能瞬间"断片"，想睡的时候直接倒头秒睡。

因此，作为家庭教育指导师，一定要提醒家长，当孩子开始有翻来覆去睡不着的苗头，或者比以前入睡时间长的时候，家长就要高度重视了，在排查身体不适、饮食不当后，要留意是否有什么事情让孩子的判断混乱，帮着孩子解决卡着他的问题点。当发现孩子比以前难入睡的时候，千万不要粗暴打压下去，这正是一步步扼杀掉孩子纯真本性的"杀手"。

当发现孩子不能入睡时，以下三种行为应该避免：

1. 用睡前的不听话行为作为理由责怪孩子，如"吃了雪糕""玩得太疯"等。

2. 恐吓。

3. 把灯关掉，把孩子一个人关在房间里，勒令他睡觉。

家长可以参考以下做法：

1. 讲故事。

2. 引出孩子内心的卡点、担心的问题。

3. 陪着他静静地躺着，孩子睡不着也不要表现得不耐烦。

4. 起来后不要揪着事情不放，不说"刚才没有睡着""现在没精神"等话。

▌ 另类视角表达自己的观点

现代的教育用的多是线性的逻辑思维，评价体系只有单一的分数、统一的标准答案。而孩子的世界天生就是非线性的，面对一个问题，他们不会用"标准答案"那一套来应对，而是用天然的"触角"——直觉。面对一些具体的事件，孩子往往是不会评判的，而成年人则非常喜欢评判，这是因为成年人已经形成了相对体系化的价值观，有了独立的判断力。

作为家庭教育指导师，我们需要启发家长的是，当孩子表达的观点、提出的疑问，不符合逻辑和社会规则时，先不要急着去否定他。这些视角，有时候看起来似乎很"另类"，却是他们独特的视角，我们需要鼓励孩子独立思考，这种独立性、开放性的思考力，是创造力的重要组成部分，它鼓励孩子不依赖于既定的思维模式，勇于探索新的可能性。

当发现孩子以"另类"的视角思考问题、表达观点时，家长应该避免责骂、嘲笑、恐吓和鄙视。

家长可以参考以下做法：

1. 对他的新想法，表达你的赞赏。

2. 问他下一步打算怎么做，引导他的想法与现实接轨。

3. 传授你的经验，让他觉得这种正确的思路，是他自己思考得来的，之后鼓励他把想法变为现实。

4. 尽量不动声色引导他做成功，然后全家庆祝。让孩子感受到自己的每一次付出，都有回报，能让爱他的人欢喜。

5. 设法激发孩子的兴趣和想象力，为其提供外部刺激。

培育孩子创造力的两个重点

100% 的爱与陪伴

我一直认为，在培养孩子的过程中，灵性的培育是第一重要的。灵性的培育不在于他懂得了多少技巧，而在于对自己全然地信任。这种培养方式，其实很简单。在小时候尽可能多地把他搂在怀里，只是搂着他，让他在最值得信任的人的怀里漫无目的地做自己喜欢的事，抠抠你，笑一笑，啃啃他的手指……不用刻意去"指导"他。因为七岁以前的孩子就像一个天地的超导体，他们的灵性之门还没有关闭，是最天然、最纯真的状态。这时候父母也好，老师也好，家庭教育指导师也好，我们自己得先学会静下心、放松下来，然后静静地看着孩子，陪孩子玩。这种陪伴就像水一样，无有边界地、全然地、充满爱地包围着孩子。

我们需要做的只是培养孩子在纯然安静的环境里，在他突然生起某个"念"的时候，迅速地捕捉到这个"念"，因为所有的"念"都是信息进入了大脑，这就是灵感的来源。

灵感没有对错、没有好坏，很多父母在这个时候会用自己的经验、理念指导孩子，用各种的不合理，比如"你应该这样""你应该那样"去引导孩子，在孩子脑袋里留下了一个个"对的""错的"概念。一旦这种是非对错的评判多了，孩子就懒得去放飞他自己的灵感，懒得说话，更不会再为了他的想法去付诸行动，这样就会把孩子的创造力掐灭。

所以，作为父母和家庭教育指导师，我们要明白"清净心"是很重要的。我们自己要先学会放空、放松，这样在孩子打开心扉的时候，我们能清晰地看到，并为他喝彩，以后在他每一次打开心扉的时候，都有足够的自信去表达，然后鼓励他在表达的基础上进一步行动，把想法落地，付诸行动。在这种培育下，让灵感发芽，慢慢长成大树。

善于观察和引导

有时候孩子们很多行为在现代教育体系框架下会被认为是"不正常""异类"的，比如不爱学习、爱观察小动物、爱叽叽喳喳讲个不停、只喜欢一个人独自待着不说话……这时候家庭教育指导师不要轻易给孩子下判断。

《最强大脑》节目里的天才王昱珩，是很多人都崇拜的"水哥"。小的时候他就喜欢把时间花在花鸟虫鱼上，兜里经常揣着小动物去上学，老师都觉得他胸无大志、玩物丧志。但他的父母对他的行为并没有过多指责和干预。

就这么一个"不学无术"的人，长大后考上了清华大学，毕业后二十年都没有正式的工作，每天侍花弄草搞着他的博物研究，却不愁吃穿，赚钱对他来说只是在做着最喜欢的事情时顺带的结果。

他说："可能被打磨得少了，我的棱角还都留着，我觉得还蛮幸运的。"

在这一过程中，他父母对他的教育方式，起到了很大的作用。他的父母培养他，就像培养一颗种子一样，给予他足够的阳光和养分，让这颗种子自由破土、自由生长，最后长成最自然的样子。

"水哥"的成长之路，给了千万家庭教育启示。当孩子表现出"异常"的时候，不必过于担心，不必矫枉过正，我们不要求所有的孩子最终都能长成"水哥"这样的天才，但起码能长成他们"如其所是"的样子。

再举个例子，爱因斯坦小的时候，智力和发育比同龄的小朋友慢，不爱讲话，也不像别的孩子一样喜欢和身边的同学打闹嬉戏。他的父母没有责备他，而是尊重他的学习方式，接纳他的"不合群"，在家里布置了一个小书房供他课余时间学习。爱因斯坦的爸爸和叔叔也经常陪伴他一起看书。有一天，爱因斯坦在书架上发现了一本关于天文学的书籍，他被书中描述的宇宙奥秘深深吸引，连续几天都沉浸在书的世界里。他的父母敏锐地看到这一幕，就给他买了一台望远镜，让他能够亲自观察星空。在每个夜晚，他们一家人会一起在阳台上，通过望远镜探索繁星点点的夜空。父母这样敏锐的观察力和无声的支持陪伴，得以让爱因斯坦在很小的时候"撬开"天赋，父母的观察和引导作用由此可见一斑。

关于引导，还表现在教育者的行为引导上。人之所以能够开心，是通过自己的劳动换来的，这是最原始的快乐。人是需要自己亲手去做成事情的。当孩子的念头冒出来时，我们可以鼓励他亲自动手去创作出来，并在一旁陪伴他，当他想放弃时，稍稍地鼓励他坚持，只要他自己完成了某件事情，其中的满足感会一直滋养他成为一个开心快乐并充满创造性的人。

创造力就是未来的竞争力

随着人工智能时代的来临，"人是否还需要创造力"成了一个热门的话题。

从古至今，孩子培养问题是在不同的时代背景中发生变化的。过去的普鲁士教育和填鸭式教育，是有一个标尺的，把孩子培养成满足这个标尺的人，更准确地说，是批量化产出服从权威的"工具人"。其初衷并不是培养出能够独立思考、有创造力的孩子，更不是培养一个个鲜活的、全然释放生命能量的、尽情地表达自我的生命——"完整的人"。

然而，人工智能的日新月异标志着技术革新和社会变革的新阶段，这个时代对个体的能力结构要求发生了质的变化。在与人工智能并进的时代里，对人的创造力要求更高了，唯有强大的创造力才是人生而为人的最大价值。

创造力就是未来的竞争力，而且是人工智能无法超越的。

人工智能在逻辑任务和数据分析方面表现出色，但缺乏人类的直觉和创造力；人工智能能够提高生产效率，却难以创造全新的生产方法或引领潮流的新产品。麦肯锡全球研究所的报告指出，尽管人工智能可以自动化部分工作，但仍有30%的工作活动无法被自动化。

随着人工智能技术的发展，一些传统职业可能会消失，只有强调创新创造能力的领域会被留下。

此外，人工智能虽能模拟共情行为，却无法复制人类独特的共情体验和情绪反应。

未来的不确定性越来越高，唯有创造力是孩子应对不确定未来的"定海神针"。我认为在这个时代背景下，保护和培育孩子的创造力，是家庭教育指导师和家长的第一要义。

作为家庭教育指导师，了解时代趋势很重要。未来需要什么素质的孩子、家长的定位与心态是怎样的，是每一个家庭教育指导师都需要思考的问题。我们团队有二十年创造力培训经验，通过互动式、游戏化学习，提倡一种全新的教育哲学，或者说一种鼓励探索、尊重个性、激发潜能的生命科学。人工智能新时代下，我们号召每一位教育工作者，不要错失提升孩子创造力的良机。让我们携手一起见证孩子们思维的飞跃，帮助他们成为能够适应未来挑战的创新者；也让我们一起，为孩子的明天、为祖国的未来，播种希望，星星之火可以燎原。

孩子厌学厌世是一个结果、一种症状，
它不是一天两天形成的。

"

家庭教育指导师如何做好厌世厌学孩子的家庭辅导？

静怡姐姐

14 年资深心理咨询师

萨提亚模式家庭治疗师

重度抑郁症康复者

静怡幸福课堂创始人

央视访谈心理专家

北大硕士

孩子厌学厌世现象日益普遍

根据 2023 年一项覆盖了全国三十多个大中城市的五百所学校和三万名学生的调查报告显示，我国中小学生的厌学率急剧攀升至 73.3%。

每一百个孩子中，平均就有七十多个厌学。这引发了社会的广泛关注。实际上，经济较发达城市，如北京、上海、杭州等城市的厌学率更高，接近 80%。

近几年，孩子厌世也成了一个值得关注的社会现象，而抑郁症是导致孩子厌世的首要原因。

2021 年 3 月，中国科学院心理研究所发布的《中国国民心理健康发展报告（2019～2020）》显示，我国青少年抑郁检出率为 24.6%。《2022 年国民抑郁症蓝皮书》显示，我国十八岁以下抑郁症患者占总人数的 30.28%。在抑郁症患者群体中，50% 的抑郁症患者为在校学生，41% 曾因抑郁休学。《2023 年度中国精神心理健康》蓝皮书显示：高中生抑郁检出率为 40%，初中生抑郁检出率为 30%，而小学生的抑郁检出率为 10%。

孩子厌学厌世的表现

孩子厌学的表现，常见的有以下五种：

1. 不知从什么时候开始，孩子变得不爱上学，不愿意见老师，甚至每到上学前就自称肚子疼、头疼等。

2. 孩子不愿意做作业，一看书就犯困。

3. 即使在没有外界干扰的情况下，孩子的注意力也常常不能集中，有的孩子虽然表面在看书，实际却根本没有看进去。

4. 孩子不愿家长过问学习上的事，对家长的询问多保持沉默，或烦躁地走开，或转移话题。

5. 孩子上课经常打不起精神，课后却十分活跃，玩起来一点都不觉得累。

孩子厌学有可能是孩子得抑郁症的早期表现。

孩子厌世的表现，常见的有以下八种：

1. 孩子经常感到疲倦、精力不济，对学习失去兴趣，逃学厌学。

2. 孩子失去了胃口或开始暴饮暴食，体重急速下降或上升。

3. 孩子感到自己失去了正常的活动和人际交往。

4. 孩子发现自己很难思考或集中注意力。

5. 孩子感到烦躁不安、易怒、过分活跃或特别不爱动。

6. 孩子入睡困难或早醒、睡眠质量不好。

7. 孩子有无助感、无价值感或不恰当的负罪感。

8. 孩子有反复出现的死亡或自杀意念。

当孩子出现以上八种情况中的五种，并持续超过两周，孩子很可能得了抑郁症，需要引起重视。

孩子厌学厌世的常见原因

孩子厌学厌世是一个结果、一种症状，它不是一天两天形成的。可是，很多父母却认为，孩子厌学厌世是因为孩子有各种毛病和缺点，或者社会环境有问题。例如认为孩子懒惰、贪玩、叛逆、不听话、不努力、不上进、受手机游戏及不良动漫的负面影响……

因此，当孩子出现厌学厌世问题时，父母往往采取两种极端的教育方式来对待孩子。

一种是更加严厉地管教孩子，例如没收孩子的手机，对孩子进行更严厉的打骂等。

另一种是放任自流，不闻不问。这通常是在严厉管教不管用，父母无计可施时采用的无可奈何的方式。

然而，就事实而言，这两种方式通常都是无效的。不但不能改善，反而有可能会加重孩子厌学厌世的情况，甚至导致更为严重的后果。

此时，家庭教育指导师应该耐心地帮助家长看清孩子厌学厌世的真正原因。主要分为原生家庭的负面影响和学校的负面影响两方面。

首先看原生家庭的负面影响。原生家庭是孩子来到这个世界的第一所学校，孩子在这所学校学习关于自己、他人、世界，以及如何建立人际关系、如何与人相处等人生最重要、最基本的课题。而父母则是孩子的第一任老师。如果父母管教方式过于严厉，或者孩子从小长期不在父母身边，导致亲子关系不佳，最终容易导致孩子厌学厌世。

当孩子从无忧无虑的幼年进入童年，开始上小学之后，很多父母认为孩子"不能输在起跑线上"，对孩子的学习抓得过紧，对孩子的成绩看得过重，管教方式过于严厉。

而严厉的管教方式，一方面会造成孩子与学习之间的负向条件反射：孩子一想到学习，就自动回忆起父母那张怒不可遏的脸、那些像刀子一样扎心的话、那些撕烂的作业本和打断的棍子，并产生不愉快的负面情绪。而负面情绪经过长期累积后，会让孩子对学习生出无法控制的厌恶感，导致孩子厌学。

另一方面，严厉的管教方式还会造成亲子关系冲突或疏远，并导致孩子性格的自卑、胆小和懦弱，以及在人际交往方面的阻碍：他不知道如何跟别人友好地相处，不知道如何跟别人建立亲近的关系，这会让孩子在学校交不到好朋友。

　　一个性格自卑、胆小、懦弱、无法融入集体生活、没有朋友、被同学孤立的孩子，特别容易产生厌学厌世的念头，还特别容易成为校园霸凌的受害者。

　　父母关系不和也会导致孩子厌学厌世。在一个孩子三岁前，父母就是他的全世界。如果父母关系长期不和，孩子会感觉到他的世界是不安全的、充满痛苦的。在这样的原生家庭长大的孩子，特别容易有"人活着就是受罪"的想法，进而产生厌世的念头。

　　再看学校的负面影响。学校的负面影响主要来自两方面。

　　一是老师的教育方式。如果老师总是在挑孩子毛病，试图指出孩子的问题并纠正，孩子就没办法在学习过程中获得愉快的体验，从而导致厌学。

　　二是校园霸凌给孩子带来的心理创伤。无论是来自老师还是同学，校园霸凌——特别是长期的校园霸凌——都会破坏孩子的安全感，带来自卑和羞耻感，导致孩子厌世和厌学。

厌学厌世孩子家庭辅导要点

　　针对以上孩子厌学厌世原因的分析，在进行家庭辅导时，我们要注意把握以下要点。

改善亲子关系

　　帮助父母认识到对孩子学习期待过高和过于严厉的管教

方式带来的危害，引导他们改变沟通方式，用温和耐心的语气对孩子说话，给孩子更多认可。通过有意识地认可和鼓励孩子，帮助孩子与学习之间建立起正向的条件反射。

改善父母关系

父母关系和谐了，孩子内心才会感觉自己有一个温暖的家，才会对生活和学习恢复热情。

清理校园霸凌带来的心理创伤

校园霸凌会给孩子带来持久且深重的心理创伤，可能导致孩子厌学休学，甚至得抑郁症或轻生。在我做心理咨询师十四年的过程中，接触过五百多个厌学厌世的孩子，有超过三分之一的孩子经历过校园霸凌。一项调查也显示，我国校园霸凌的发生率为 33.36%[1]，值得引起重视。

增加与老师的沟通

引导父母多与学校老师沟通，请老师多鼓励认可孩子，少指责批评孩子，为孩子创造一个更为宽松的学习氛围。

----

[1]　《应对校园欺凌，不宜只靠刑罚》，姚建龙，《人民日报》2016年 6 月 14 日。

厌学厌世孩子家庭辅导案例

▎案例1：因亲子关系不佳导致的孩子厌学厌世

浩浩（化名）高一时出现厌学厌世的情况。他父母描述浩浩幼年性格开朗活泼。四岁时父母外出打工，把浩浩交给农村的姥姥照顾。浩浩小学和初中成绩都还不错，到了高中却开始频繁请假，最后休学，还出现了轻生的念头。浩浩在医院被诊断为焦虑症和抑郁症，服药半年未见改善。

在跟浩浩一家四口沟通的过程中，我了解到，导致浩浩厌学厌世的主要原因是一种他无法自控的躯体症状。浩浩在教室上课时，脑海中会莫名其妙地出现身边的同学用刀袭击自己的画面，而且身上相应的部位还会有刺痛感。每天这样的画面都会出现几十次，无法控制。这使得浩浩完全无法安心学习。

通过第一次见面，我对浩浩的整体评估是：他内在有长期被压抑的恐惧。因为这些恐惧不能被表达出来，就在身体内累积，并以画面的方式呈现出来。从他的画面中，我感觉到深深的恐惧。我猜测这些恐惧与他的童年经历有关。

第二次家庭辅导，我聚焦在浩浩的恐惧上，问他小时候是否经常感到恐惧。浩浩说姥姥脾气不好，经常无缘无故地打他。而且，姥姥经常跟姐姐吵架，吵完后两人都拿他出气。他那时太小，不敢反抗，只能挨打。

我邀请他们通过家庭雕塑（运用萨提亚模式进行家庭辅导过程中常用的一种咨询技术）呈现出浩浩描述的童年场景。浩浩在雕塑过程中一直皱着眉头，保持沉默。而姐姐在雕塑中被深深触动了。她抱着浩浩流了很多眼泪，表达了自己的歉意。她说小时候自己不懂事，没想到会把弟弟害成这样。

这是浩浩第一次与家人有这样亲密的肢体接触和深入的交流。姐姐真情流露的爱，成为推动浩浩改变的关键因素。

第三次家庭辅导时，他开始主动跟随我的引导，去觉察自己的感受，并且愿意分享出来。给他布置的每日功课，他也坚持做了。

第四次家庭辅导时，浩浩说被刺的画面明显减少了，从原来的每天出现几十次变成一周出现十几次。

浩浩的能量大多集中在脑部，跟身体的感受失去连接。而感受是进入我们潜意识的通道。为了打开这个通道，我多次通过"呼吸疗法"帮助浩浩感受与身体的连接，并且释放压抑在潜意识深处的愤怒和恐惧。

在针对孩子的家庭辅导中，父母的参与非常重要。每次我都会布置功课给浩浩的父母，让他们练习每天找出三件小事表达对浩浩的认可，并且在浩浩需要的时候耐心地陪伴和倾听他。这些来自家人的支持，对于浩浩的改变起着重要作用。

经过十三次家庭辅导，历时三个多月，我评估浩浩的主要心结已经得到清理，被刺的画面也很少再出现。这时父母也提出来希望浩浩回去上学，于是我们终止了家庭辅导。

后来浩浩顺利参加高考，并考上了首都师范大学。

案例总结：

1. 孩子的幼年和童年时期特别重要，需要得到父母足够多的陪伴和关爱。

2. 照顾者的语言或身体暴力会给孩子造成心理创伤，导致孩子长大后出现焦虑、抑郁等心理问题，最终导致孩子厌学厌世。

3. 在家庭辅导中需要激发孩子的主动性，孩子愿意积极配合，改变才会发生。

4. 父母学会用正确的沟通方式每天认可和鼓励孩子，才能够让孩子从自卑转向自信，提升自我价值感和内心力量。

5. 用有效的方式帮助孩子释放负面情绪，能够更快地推动孩子改变。

案例 2：因校园霸凌导致孩子厌学厌世

小学六年级下学期，朵朵（化名）在校园里经历了校园霸凌。有几个女生经常在全班同学面前阴阳怪气地叫她"小公主"的外号，并且嘲笑和羞辱她。她告诉了妈妈，妈妈几次想要找对方家长，朵朵都说算了，说她不理对方就是，妈妈就没有再干预这件事。

但是，妈妈没有想到，这件事情会带来如此严重的后果。朵朵一次次的忍让，非但没有让那些同学收敛，反而变得变本加厉。朵朵越来越不想上学，成绩也直线下滑，性格也从原来的活泼爱笑变得沉默寡言。

有一天晚上，趁父母睡着了，朵朵独自爬到了楼顶天台。她觉得自己成了父母的拖累，离开这个世界就不会给父母添麻烦了。万幸的是，她没有走绝路，而是拨通了二十四小时心理援助电话。心理援助小姐姐暖心安慰她，并及时报了警，警察把朵朵救了下来。

第一次家庭辅导时，朵朵父母来了，朵朵并没有出现。我通过手机视频，对朵朵父母进行了辅导。主要有两个重点：一是教父母如何正确沟通，改善夫妻关系；二是通过学习如何认可孩子，改善亲子关系。

经过两次家庭辅导，朵朵父母之间的关系和亲子关系都有了明显的改善。

第三次家庭辅导时，朵朵终于通过手机视频露了个脸，但立刻就离开了。这是因为经历过校园霸凌的孩子通常很难信任陌生人。我并没有强迫她留下来，而是耐心地等待她的改变。

第四次家庭辅导时，妈妈再次邀请朵朵参加。这一次朵朵躺在妈妈身后的床上，偶尔出声跟我说话。我给了她很多认可，欣赏她愿意跟我对话。

第五次家庭辅导时，朵朵和妈妈一起准时出现在手机视频前，并且跟我聊了足足五十分钟。这是一个巨大的进步。

她告诉我，自己整天都很困，全身无力，上课的时候完全听不进去，只能趴在桌子上睡觉。她很担心同学们觉得她是个异类，笑话她。我表示了理解和关心，并让朵朵妈妈去跟班主任沟通，告知孩子的情况，希望班主任理解和支持，不要给孩子施压，更不要当众批评孩子上课睡觉。妈妈后来去跟班主任沟通，获得了支持。

第六次家庭辅导时，我尝试通过手机视频咨询，帮助朵朵释放因为校园霸凌带来的负面情绪，但是发现效果不太好，朵朵习惯了压抑自己，很难完成情绪的释放。于是我建议朵朵妈妈带孩子来参加我的线下"静怡幸福觉醒工作坊"，帮助孩子彻底清理校园霸凌带来的心理创伤。

"静怡幸福觉醒工作坊"的前四天，朵朵都在教室躺着睡觉。这是因为她经历过校园霸凌，进入一个陌生人的团体会感觉非常不安，睡觉是她避免与人交流的一种自我保护方式。因此，我从不要求她起来好好听课，而是允许她一直睡觉。渐渐地，她开始说话，分享自己的想法和感受，我也及时给了她很多认可和肯定。

到了第五天下午，她主动要求做个案辅导，处理校园霸凌的心理创伤。我让其他学员配合，扮演霸凌朵朵的同学，一起用手指着她，并且阴阳怪气地叫她"小公主"。朵朵一下子就情绪失控了。在我的引导下，朵朵哭喊着向霸凌她的"同学们"表达了自己的愤怒和怨恨，完成了负面情绪的彻底释放。释放完了之后，朵朵说："我决定原谅她们了。"

参加完工作坊之后，朵朵很快回到学校上课，并且在学校有了新朋友。朵朵妈妈说："以前孩子每天都要给我打电话，说她不舒服，想回家。这段时间，她只给我打了一次电话，讲了她在学校的趣事，没说她不舒服。我感觉她终于恢复正常了。"

▎案例总结：

1. 校园霸凌是导致孩子厌学厌世的重要原因之一。

2. 在与经历过校园霸凌的孩子接触时，要非常有耐心，因为他们对人极度缺乏信任。

3. 先改善孩子父母的关系，改善亲子沟通，教父母放下焦虑，多认可孩子，会为孩子创造一个安全、正向的家庭环境，有助于孩子康复。

4. 因为校园霸凌产生的负面情绪，必须通过有效的方式得到彻底释放，孩子才有可能走出校园霸凌的心理阴影。